AF349315

lo mejor de
Felipe

QUINO

Lumen

PRIMERA EDICIÓN: FEBRERO DE 2026
PENGUIN RANDOM HOUSE
GRUPO EDITORIAL, S. A. U.
TRAVESSERA DE GRÀCIA, 47-49.
08021 BARCELONA
COMPUESTO EN
M. I. MAQUETACIÓN, S. L.
EN REALIDAD AHORA DEBERÍA PARARME Y DECIR LO DEL COPYRIGHT SUCESORES DE JOAQUÍN S. LAVADO (QUINO), PRINTED IN SPAIN Y QUÉ SÉ YO, PERO ¿QUIÉN TIENE GANAS?
Y ADEMÁS, QUEDA HECHO EL DEPÓSITO LEGAL, QUE ES EL B-21511-2025. ISBN: 978-84-264-3382-4

Nota editorial

«¿No sería hermoso el mundo si las bibliotecas fueran más importantes que los bancos?». Con esa convicción de lector y esa inocencia desbordada se presenta Felipe, el tímido soñador de las tiras de *Mafalda*. Paladín del aplazamiento, conviven en él la ternura y la pereza, el miedo y la bondad, una imaginación sin límites y un rechazo casi filosófico al colegio. Por eso tantos lectores se han reconocido en su extraordinaria humanidad y en su celebérrima pregunta existencial: «¿Justo a mí tenía que tocarme ser como yo?».

Felipe y Mafalda se conocen el 19 de enero de 1965, sentados en el umbral del edificio de Chile 371, en el bonaerense barrio de San Telmo. Ella vive en el segundo piso y él, en el quinto, con una madre a la que se parece mucho y un padre ingeniero al que nunca vemos en las tiras. Desde su primer encuentro, queda definida la relación entre esos niños que se convertirán en muy buenos amigos durante los diez años en que Quino los dibujó: el carácter fantasioso y soñador de él constituirá el complemento perfecto de la beligerante e impetuosa lucidez de ella.

Físicamente, Felipe es el fiel retrato de Jorge Timossi, un amigo de Quino; pero su personalidad desvela rasgos del propio autor, como su amor por las historietas, su inagotable imaginación o su más que extrema timidez. Si hay algo que puede con Felipe es la escuela, a la que es el primero de sus amigos en acudir y que soporta como si estuviera en un campo de concentración. Frente a ese muro infranqueable, levanta su trinchera favorita: la fantasía. Porque Felipe tiene una doble vida: en cuanto se presenta la ocasión, se encaja el antifaz de El Llanero Solitario, cabalga sobre un corcel imaginario y salva al mundo con el coraje y el arrojo de los que carece en la vida real. No es una huida, sino un amago de intrepidez y valentía. «¿Cómo diablos hará mi imaginación para despertarse antes que yo?», se pregunta, y aquí late su ética: la imaginación como válvula de escape para enfrentarse a lo que asusta. Lo intenta a su manera, con pactos solemnes que no tardan en disiparse y planes infalibles que no duran más de cinco minutos: «He decidido enfrentar la realidad, así que apenas se ponga linda me avisan». Y su máxima de cabecera, que nos hermana a todos los que procrastinamos, suena como una música familiar: «No dejes para mañana lo que tengas que hacer hoy… ¡Desde mañana mismo empiezo!».

Felipe es romántico, y está perdidamente enamorado de Muriel, su vecina, pero, al ser este un amor platónico, lo sustituye con otros más terrenales: la lectura, el ajedrez, los crucigramas, las revistas de historietas y, por supuesto, los Beatles.

En el barrio comparte vida y juego con una pandilla llena de contrastes: Susanita, que lo quiere en secreto, pero que lo aturulla con sus chismes y su verborrea; Manolito, su fiel reverso —si Felipe es una simple quimera, su amigo tiene los pies en la tierra y piensa en números—, o Miguelito, cuya despreocupada forma de ser envidia. Con todo, y por encima de las diferencias, lo que se impone siempre es la amistad.

Lo mejor de Felipe celebra esa épica de lo cotidiano del que teme, aplaza y, sin embargo, no para de insistir e insistir. Quino lo dibujó con la frente abierta a la aventura y el corazón en estado de prueba: Felipe es un chico que sufre, imagina, exagera, aprende; que equipara los deberes con una odisea y convierte el parque de juegos en una pradera del Lejano Oeste. En sus viñetas nos reconocemos con nuestros propios aplazamientos, nuestra escasa energía, nuestros buenos propósitos y la continua reivindicación de dejar pasar el tiempo con el fin de no parar nunca de soñar.

HE DECIDIDO ENFRENTAR LA REALIDAD, ASÍ QUE APENAS SE PONGA LINDA ME AVISAN

¿CÓMO TE LLAMAS?
FELIPE ¿Y VOS?

MAFALDA
¿EN QUÉ PISO VIVÍS?

EN EL SEGUNDO ¿Y VOS?
EN EL QUINTO

SOMOS UNA GENERACIÓN HORIZONTAL Y CRISTIANA

PERO VOS ME DIJISTE QUE IBAS AL JARDÍN DE INFANTES.... ¿POR QUÉ NO ESTÁS AHORA ALLÍ?
¡PORQUE SE ACABARON LAS CLASES!

¿SOCIALES?
¡ESCOLARES!...

¡CREÍ QUE HABÍA LLEGADO EL COMUNISMO!

SI TE PREGUNTO ALGO...¿ME VAS A CONTESTAR LA VERDAD?
¡CLARO!...

DECÍME...¿TU MAMÁ....ESTUDIÓ Y TIENE ALGÚN TÍTULO?
¿TÍTULO?...¡NO, QUÉ VA A TENER!....¿POR?

¿

¿SABÉS? LA SEMANA QUE VIENE ME VOY DE VERANEO
¿ADÓNDE?

¡AL MAR!
¿POR MUCHO TIEMPO?

NO SÉ... OÍ QUE MI PAPÁ DIJO QUE TENÍA NO SÉ CUÁNTOS DÍAS HÁBILES
¿DÍAS HÁBILES?

SÍ, Y ESO ES LO QUE ME DESPISTA, ¡PORQUE YO SOLO LE CONOZCO DÍAS TORPES!...

¿MOBUTU BALUBA CHOMBE-CHOMBE?
¡MAFALDA! ¡VOLVISTE!

AÉH-AÉH, FELIPUNDI
¿Y? ¿TE METISTE AL MAR? ¡CONTÁ! ¿CÓMO ES?

BUENO,...ES DIFÍCIL DE EXPLICAR...¿QUÉ TE PODRÍA DECIR?...A VER... ¡IMAGÍNATE QUE VOS ESTUVIERAS METIDO....

....EN UNA GRAN SOPERA LLEVADA POR UN BORRACHO!

DECIME, FELIPE...
¿MMH?

EN TU CASA TOMAN MATE, ¿NO?
A VECES. ¿POR?

POR NADA. SE ME OCURRIÓ, NOMÁS...

¡QUÉ TIPO RÍSPIDO!

PERDONAME LO QUE TE DIJE DEL MATE QUE TOMAN EN TU CASA, FELIPE. EN REALIDAD QUISE DESPABILARTE
¿DESPABILARME?

¡CLARO! ¡DEBIERAS COMPRENDER QUE HOY EN DIA EL MATE NO DA PRESTIGIO! ¿TE IMAGINAS A TODO UN EJECUTIVO EN SU ESCRITORIO TOMANDO MATE? ¡ES UN PAPELON!

¡AH! ¡UN PAPELON!... ¡EL PRE-SI-DEN-TE TOMA MATE! ¿Y SE DESPRESTIGIA POR ESO?
¿EH?

BUENO......NO ESPECIALMENTE POR ESO...

¿ESTE ES UN LANZAMIENTO RUSO O NORTEAMERICANO?....
..TRES, DOS, UNO...
¡SHH!

¡CERO!
¡TIC!
?
!

¡NORTEAMERICANO!

¡"ESQUIZOFRÉNICO"? NO; NO SÉ QUÉ QUIERE DECIR. TRATARÉ DE AVERIGUÁR- TELO
SEGUIRÉ PREGUNTANDO

¡SONAMOS!... ¡YA ME IMAGINO LO QUE VIENE A PREGUNTARME!

PAPÁ, ¿QUÉ
¡NO SÉ NADA DE LA OEA NI DE SANTO DOMINGOOO!

DEJÁ, FELIPE. YA AVERIGÜÉ

¡YA ESTÁ!... ¡JUGUEMOS AL GOBIERNO!...
¡YO SOY MINISTRO DE FINANZAS!

YO, LA VERDAD, NO SÉ SI ENTRAR EN ESTE JUEGO O NO. APOYO LA MOCIÓN DE JUGAR CON USTEDES, PERO ESO SÍ, LA APOYO...

... SOLO MORALMENTE. AUNQUE, DE SER NECESARIO, ESTARÍA DISPUESTO A BRIN- DAR UN APORTE EFECTIVO. NO PIENSEN QUE YO... ¡EN FIN!... ...¡CREO QUE MI POSICIÓN ES CLARA!

¡NO SE HABLE MÁS! ¡SOS UN PERFECTO MINISTRO DE RELACIONES EXTERIORES!

BUENO, ENTONCES MANOLITO ES EL MINISTRO DE FINANZAS, YO EL CANCILLER, ¿Y VOS?
¡YO SOY EL PRESIDENTE!

¡ABSURDO! ¡UNA MUJER NO PUEDE SER PRESIDENTE!

¿Y POR QUÉ NO IN-NOVAR? ¡AL FIN Y AL CABO, ESTAMOS JUGANDO!

¡PORQUE NI JUGANDO, A NADIE QUE QUIERA INNOVAR SE LE DE-JA SER PRESIDENTE!

¡MUY BONITO!..., LA IDEA DE JUGAR AL GOBIERNO FUE MÍA, Y AHORA RESULTA QUE NO ME DEJAN SER PRESIDENTE!

CONSOLATE: A MUCHOS OTROS SE LES OCURRIÓ JUGAR AL GOBIERNO Y LUEGO NO PUDIERON SER PRESIDENTES
¿Y CON ESO?

¡NADA! ¡QUE EL TUYO ES UN CASO MUY GENERAL!
¡SÍ, YA SÉ!...

¡CUANDO A ALGUIEN NO LO DEJAN SER PRESIDENTE, CASI SIEMPRE ES POR ALGO MUY "GENERAL"!

¡ES URGENTE NOMBRAR PRESIDENTE A MAFALDA ANTES QUE ALGUIEN COPE NUESTRO JUEGO DEL GOBIERNO!
¡BAH!¿QUIÉN PODRÍA COPARLO?

...¡Y PRIMERO QUE NADA DEBEMOS DECRETAR LA SOCIALIZACIÓN DE LOS QUIOSCOS!¡ACABAR CON LOS TRUSTS MONOPOLISTAS CARAMELEROS!

...¡NACIONALIZAR EL CHICLE! ¡ADAMS, GO HOME!¡BASTA DE BURGUESÍA QUIOSCO-IMPERIALISTA EXPOLIADORA DE ALCANCÍAS INFANTILES!¡ESTAMOS HARTOS DE

XPLOTACIÓ APITALISTA
¡ESTÁ BIEN:SERÁS PRESIDENTE!¡PERO CONSTE QUE ACCEDO SOLO POR SALVAR A LA DEMOCRACIA!

¡LO QUE ESTE PAÍS NECESITA ES UN GOBIERNO "WASH AND WEAR"!

¡MIRÁ QUE DECÍS TONTERÍAS, ¿EH?! ¿CÓMO SERÍA UN GOBIERNO "WASH AND WEAR"?¿EH?

¡Y!........ ¡UN GOBIERNO "SIN PLANCHAS"!

¡ESTOY DE CONTENTO CON MI BILLETE DE 50 $!..

¡ESTE SÍ QUE ES UN BILLETE "WASH AND WEAR"! ¿VISTE QUÉ PLANCHADITO ESTÁ?

SÍ, PERO ESO NO ES PORQUE SEA "WASH AND WEAR"...

...SINO PORQUE A NADIE LE DURA UN BILLETE EL TIEMPO NECESARIO PARA QUE SE ARRUGUE

¡UN GUSANITO!
¿QUÉ DECÍS, GUSANITO?

¡QUÉ DESPACIO CAMINA!
¡CIERTO, QUÉ PACHORRIENTO!

?

¡IBA A HACER UNA COMPARACIÓN, PERO ADEMÁS DE TRILLADA ES POCO CONSTRUCTIVA

¡ES TERRIBLE!...NO TENGO GANAS DE HACER LOS DEBERES ¿POR QUÉ NO VENDERÁN PASTILLAS PARA DESPERTAR LA VOLUNTAD?

BUENAS TARDES, ¿DESEARÍA COMPRAR LAS AFAMADAS PASTILLAS "VOLUNTEX"?
¡SEGURO! ¡DEME TRES TUBOS!

¡SON FANTÁSTICAS! ¡TENGO UNAS GANAS LOCAS DE HACER LOS DEBERES!

¡Riiiing!

¡NO ESTOY PARA NADIE, MAMÁ, ¿EH?

¡DIOS MÍO!.... ¡ESTOY PERDIDO EN EL DESIERTO!

¡Y VOY A MORIR!..¡VOY A MORIR SIN UNA GOTA DE NADA PARA MI GARGANTA SECA!

¡SE TE DERRITE EL HELADO, MARMOTA! ¿QUÉ ESPERAS PARA EMPEZARLO?

ES QUE UN TOQUE DE MASOQUISMO PREVIO LO HACE MÁS INTERESANTE

¡EXAGERACIONES TUYAS! ¡NO TODO EL QUE TIENE UN TÍTULO SE VA AL EXTRANJERO!
¿VOS, CREÉS?

¡MIRÁ A LOS POLÍTICOS!... ¡EL QUE NO ES ABOGADO ES INGENIERO, O MÉDICO,

..O ARQUITECTO!...¡Y NO POR ESO SE VAN AL EXTRANJERO!

¡QUÉ LÁSTIMA!...

¿HAS PENSADO QUÉ VAS A SER CUANDO GRANDE?
¡UF!..HAY TIEMPO PARA ESO

¿HAY TIEMPO?...¿Y SI CUALQUIER DÍA SE ARMA UNA GUERRA ATÓMICA Y ESPICHAMOS TODOS? ¡LA HUMANIDAD DESPACHURRADA! ¡HORROR!

EN ESE CASO NO LLEGAREMOS A GRANDES

¡MIRÁ QUE SOS MACABRO,¿EH?!

PUES SÍ, CUANDO ESOPO ESCRIBIÓ LA DECLARACIÓN DE LOS DERECHOS HUMANOS...

VENIMOS A HACERTE UN PLANTEO, PRESIDENTE
26

¡FUERA!

¡ESTÁS MAL INFOR-MADA! ¡ASÍ NUNCA ES LA COSA!

¡VAS A VER!...¡CON ESTA IDEA MÍA, EL LANZA-MIENTO SERÁ ESTUPENDO
32

..CUATRO,... ...TRES,... ...DOS,... ...UNO,...

¡CERO!
FSSH!

SERÉ CURIOSA, FELIPE... ¿QUÉ SIGNIFICA PARA VOS LA PALABRA ESTUPENDO?

¿POR QUÉ LA T.V. Y LA RADIO HABLARÁN TANTO DEL VIETNAM?
¡QUÉ SÉ YO!...

ES UNO DE ESOS LÍOS QUE ARMA LA GENTE GRANDE, ASÍ QUE DEJÁ QUE LO SOLUCIONE LA GENTE GRANDE

VOS QUE SOS GRANDE, MAMÁ, DECIME:¿QUÉ LÍO ES ESE DEL VIETNAM?
Y...ESTEE...BUENO...¡JÉ-JÉ!... ES ...¡UN LÍO!....¡CUANDO LLEGUE PAPÁ PREGUNTALE A ÉL!

TOMÁ,FELIPE.PARA QUE ESPERÉS LAS SOLUCIONES DE LA GENTE GRANDE,¿EH?

¿QUE NO?...¡ANDÁ Y HACÉ LA PRUEBA, ENTONCES!

PEDÍ EN TU CASA QUE TE EXPLIQUEN QUÉ PASA EN VIETNAM...¡VAS A VER CÓMO TE SALEN HABLANDO DE LA CIGÜEÑA!

¡PERO QUÉ DEMONIOS TIENE QUE VER LA CIGÜEÑA CON VIETNAM?
NO SÉ..

¡PERO CUANDO LOS PADRES NO SABEN CÓMO EXPLICARTE ALGO,SEGURO QUE HAY UNA CIGÜEÑA DE POR MEDIO!

ESCUCHANDO LA RADIO SE ME HA ACLARADO ALGO EL LÍO DE VIETNAM
¿AH, SÍ?

¡SÍ! PARECE QUE POR UN LADO ESTÁN "LOS NORTEAMERICANOS", ¿NO?, Y POR EL OTRO LOS "NORVIETNAMITAS". DESPUÉS ESTÁN LOS "SURVIETNAMITAS", QUE...

..LUCHAN CONTRA EL "VIETCONG", ESTE PELEA CONTRA LOS "ESTADOUNIDENSES", LOS QUE, A SU VEZ, ESTÁN CONTRA LOS "COMUNISTAS". TAMBIÉN ESTÁ "LA UNIÓN", Y LUEGO "LOS ROJOS" QUE...

¡SOCORRO!..

¿VOS ME DIJISTE AYER QUE EN VIETNAM LUCHAN LOS NORTEAMERICANOS?
SÍ

¡QUÉ CASUALIDAD! EN MIS REVISTAS DE HISTORIETAS TAMBIÉN LUCHAN SIEMPRE ELLOS

¿LUCHAN CONTRA LOS ROJOS?
BUENO,.... CONTRA LOS PIELES ROJAS

¡MIRÁ POR DÓNDE VIENE A ENTERARSE UNO DE QUE LOS INDIOS SON COMUNISTAS!

¡ES TERRIBLE VER QUE A LA GENTE LE IMPORTA MÁS CUALQUIER SERIE DE T.V. QUE EL LÍO DE VIETNAM!
Y BUENO..
43

SERÁ TERRIBLE, PERO TAMBIÉN ES LÓGICO
¿POR QUÉ?

PORQUE A LA GENTE EN REALIDAD NO LE INTERESA UNA LUCHA ENTRE MALOS Y BUENOS..

..SI NO SABE CÓMO SE LLAMA "EL MUCHACHO"
QUINO

BUEEEEENOOO....... ME VOY A HACER LOS DEBEEEERES...
48

¿QUÉ ESPERÁS? ¡TENÉS QUE HACERLOS, ¿NO?!

LA VOLUNTAD DEBE SER LA ÚNICA COSA DEL MUNDO QUE CUANDO ESTÁ DESINFLADA NECESITA QUE LA PINCHEN
QUINO

23

¿QUÉ DEMONIOS ES ESO, FELIPE?
UN YO-YO
51

¿UN VOS-VOS?
¡NO! ¡UN "YO-YO"!

¡AH!...¿UN FELIPE-FELIPE?
¡NO! ¡NO ES YO DE "YO"! ¡SE LLAMA "YO-YO"! ¿ENTENDÉS? ¡"YO-YO", YO-YO!

¡EGOCÉNTRICO!

....¡Y ADEMÁS ES NO TENER PERSONALIDAD, PORQUE TODO EL MUNDO ANDA CON UN YO-YO!
53

¡SÍ, PERO CADA CUAL LO USA DE ACUERDO A SU PERSONALIDAD!

¿AH, SÍ? ¡UN EJEMPLO! ¡A VER UN EJEMPLO!

BUENAS...

MIRÁ, FELIPE. AL FINAL YO TAMBIÉN ME COMPRÉ UN YO-YO. ¿QUERÉS PROBARLO?
¿A VER?...
54

!
¡BUP!

¡CAÍSTE! ¡CAÍSTE!..

¿ASÍ QUE FUISTE VOS EL QUE LE VENDIÓ UN ALFAJOR A MAFALDA?

¡QUÉ CUADRO LAMENTABLE!
57

¡TIC!

¿?
¡TIC!

¡DIOS MÍO! ¡CREO QUE HE CONTRAÍDO LA TELEPATÍA!

¿Y SI EN UNA DE ESAS RESULTA QUE YO TENGO PODERES TELEPÁTICOS?
59

VEAMOS: ¿EN QUÉ IRÁ PENSANDO ESE PERRITO?

©QUINO

PENSÁ EN ALGO, FELIPE, A VER SI PUEDO CAPTARLO TELEPÁTICAMENTE
VEAMOS...
60

¿ESTÁS PENSANDO NADA MÁS QUE EN UN RAQUÍTICO PUNTITO?
NO ES UN PUNTITO, SINO UN LEÓN... CLARO QUE VISTO DE LEJOS, POR LAS DUDAS
©QUINO

¡FELIPE!...¡MIRÁ
LO QUE ENCONTRÉ
EN ESTA REVISTA!
64

¿Y ESE QUIÉN ES?
¡CÓMO!..

¡EL DIOS DE LA
TELEPATÍA, HOMBRE!
¡AAAAAAH!...

¡NO PUEDE SER, FELIPE!
¡NO PUEDE SER!
¡Y DALE!...¡TE LEO
LA LISTA, ASÍ TE
CONVENCÉS!
65

"ASOCIACIÓN PRO AYUDA
AL LACTANTE"-"LIGA PRO
AYUDA AL DESVALIDO"-
"ASOCIACIÓN PRO AYUDA
A LA ANCIANIDAD"-"ASO-
CIACIÓN PRO AYUDA AL..."

¡BASTA!¡TE CREO!
¿O SEA QUE NO
HAY NINGUNA?
ASÍ ES...

...NO EXISTE NINGUNA
"ASOCIACIÓN PRO AYUDA
AL TELEPÁTICO"
¡QUÉ INSENSIBILIDAD
SOCIAL!

¿QUÉ QUISIERAS SER CUANDO GRANDE, MAFALDA?

¿QUÉ TE GUSTARÍA SER? ¿EH?

"WASH AND WEAR"

¿SABÉS POR QUÉ LOS BILLETES VIENEN TAN PLANCHADITOS ÚLTIMAMENTE? ¡PORQUE SON "WASH AND WEAR"!

¿"WASH AND WEAR"? LOS BILLETES NO SON "WASH AND WEAR"; SON "BEST-SELLERS"

¡BEST-SELLERS SON LOS LIBROS, HOMBRE!

¿Y POR QUÉ NO LOS BILLETES? ¡SI SON DE LO QUE MÁS EJEMPLARES SE IMPRIMEN Y LAS EDICIONES QUE MÁS PRONTO SE AGOTAN!

¿SABÍAS QUE SE IMPRIMEN MÁS EJEMPLARES DE BILLETES QUE DE CUALQUIER OTRA COSA?
NO

PUES ASÍ ES LA COSA. LOS BILLETES SON EL "BEST-SELLER" DEL AÑO

ENTONCES ESE SEÑOR QUE APARECE EN LOS BILLETES...
¿ES JAMES BOND?

PENSÁNDOLO BIEN, ES MONSTRUOSO QUE SE IMPRIMAN MÁS BILLETES QUE LIBROS

¡ALGÚN DÍA SE DARÁ MÁS VALOR A LA CULTURA QUE AL DINERO!

¿NO SON ALGO INGENUAS TUS IDEAS, FELIPE?

¡INGENUAS NO! ¡SON PELIGROSAS!

TUS IDEAS SON MUY LOABLES, FELIPE, PERO UN POCO INGENUAS

¿ES INGENUO PRETENDER QUE LA GENTE APRECIE MÁS LA CULTURA QUE EL DINERO?

¿NO SERÍA HERMOSO EL MUNDO SI LAS BIBLIOTECAS FUERAN MÁS IMPORTANTES QUE LOS BANCOS?

¡NO! ¡PEDAZO DE EXTREMISTA!

¿EN SERIO, FELIPE? ¿DE VERDAD TU PAPÁ TE REGALÓ UN JUEGO DE AJEDREZ?
SÍ

¿Y SABÉS JUGAR?
¡JHÁ!... ¡LA PREGUNTA! ¡CLARO!

NO JUEGO TAN BIEN COMO NAJDORF, POR SUPUESTO

ÉL DEBE TENER MUCHA MEJOR PUNTERÍA

.oO EL SENTIDO DE LA VIDA
¿ES DOBLE MANO?

¡HÍCO!
¡HÍCO!
¡ARRE!
75

¡ÑK!
¡ÑK!
¡CLOP-CLOP!
¡CLOP-CLOP!

¡SOOOOOOOO!
¡QUIET-TOOO!
¡SSSHHHHH!

¡TOMÁ, YO NO VEO QUE TU JUEGO DE AJEDREZ TENGA NADA DE CIENTÍFICO!
SIN EMBARGO, A MÍ ME DIJERON

MI PAPÁ ME EXPLICÓ CÓMO ES ESTO DEL AJEDREZ. PRIMERO VAN LOS PEONES, EN ESTA LÍNEA...
AJHÁ
76

...DESPUÉS, EN ESTA OTRA, VAN EL REY, LA REINA Y.....
¡CÓMO!... ¡NO, NO, NO!...DEBE SER AL REVÉS

PRIMERO EL REY Y LA REINA, Y DESPUÉS LOS PEONES
¡NO, MI PAPÁ ME DIJO QUE PRIMERO LOS PEONES!

¿ES SOCIALISTA TU PAPÁ? ¿EHÉ? ¡A QUE ES SOCIALISTA!...... ¿NO?... ¡ES!... ¿EHÉ? ¡ES SOCIALISTA! ¿NO ES VERDAD? ¿EHÉ?

¡TE EXPLICO CÓMO SE JUEGA, PERO NADA DE INTERRUPCIONES! ¿PROMETIDO?
PROMETIDO

BUENO, ESTA ES LA REINA, ¿VES? LA REINA SE MUEVE PARA TODOS LADOS

¡DESCOCADA! ¡SEXY DE PORQUERÍA!

NO, FELIPE... ..NO ABRIRÉ LA BOCA.. ....LO JURO...FELIPE.. ...FELIPITO...

¡NO, NO!...¡A VOS NO! ¡ME HARÉ MENOS MALA SANGRE EXPLICÁNDOLE A MANOLITO!

...Y LOS ALFILES SE MUEVEN ASÍ Y ASÍ, Y LOS CABALLOS SE MUEVEN ASÍ, Y LAS TORRES, SE MUEVEN ASÍ, Y LOS PEONES SE MUEVEN ASÍ

¿Y POR DÓNDE SE LES COLOCAN LAS PILAS?

NO SEAS ASÍ, FELIPITO. EXPLÍCAME. JURO NO INTERRUMPIRTE
¡ASÍ LO ESPERO!

BIEN. ESTE ES EL REY. EL REY PUEDE COMER PARA ADELANTE, PARA ATRÁS, PARA LOS COSTADOS...¡EN FIN!, COME PARA TODAS PARTES

LOS PEONES, EN CAMBIO, SOLO PUEDEN COMER NADA MÁS QUE...
¿VES?¿VES?

¡DESPUÉS SE EXTRAÑAN DE QUE AVANCE EL COMUNISMO!

¡AAAH!...¡EL AJEDREZ!...¡ANTES, CUANDO YO LO JUGABA, NO HABÍA QUIEN ME GANARA!

¿LOS PADRES DIRÁN ESAS COSAS PARA QUE UNO LOS ADMIRE CON RETROACTIVIDAD?

MI PAPÁ HA DECIDI-
DO ERRADICAR LAS
HORMIGAS DE SUS
PLANTAS
¿Y CON QUÉ
PIENSA
MATARLAS?
84

!

¡PAF-PAF! TOC
TOC-TOC TO
¡PAF! ¡PAF!

¡YA ME
PARECÍA QUE
TU PAPÁ NO
PODÍA SER
TAN BRUTO!

¿"TAN"?

¿Y?¿PUDO ELIMINAR
LAS HORMIGAS TU
PAPÁ?
SÍ
86

CONSIGUIÓ UN
HORMIGUICIDA
FANTÁSTICO

ESTARÁ
CONTENTO,
¿NO?
¡UF!...

ESTÁ
HECHO UNAS
PASCUAS

¿SIGUE TU PAPÁ LUCHANDO CONTRA LAS HORMIGAS?
SÍ, PERO NO PERSONALMENTE

¿PIDIÓ AYUDA A UNA COMPAÑÍA FUMIGADORA?
NO EXACTAMENTE

¿DE DÓNDE VENDRÁN LOS PLATOS VOLADORES?
NO SÉ...

¡PERO PARECE QUE LOS CIENTÍFICOS TAMPOCO LO SABEN!

¿Y ESO POR QUÉ TE ALEGRA TANTO?

¡PORQUE ME SIENTO IMPORTANTE COMPARTIENDO LA IGNORANCIA CON LOS CIENTÍFICOS!

SI ES CIERTO QUE LOS PLATOS VOLADORES VIENEN DE UN MUNDO MÁS AVANZADO QUE ESTE...

...YA NADIE PODRÁ DECIRNOS QUE VIVIMOS EN UN PAÍS SUBDESARROLLADO!

¡PORQUE RESULTA QUE TODO ESTE PLANETA ES SUBDESARROLLADO!

¡GRACIAS, POR SALVAR NUESTRO PRESTIGIO INTERNACIONAL!
?

¡LÍOS EN TODAS PARTES!...¡QUÉ MAL ANDA EL MUNDO!
CAN BOY

¿Y QUIÉN ES EL CULPABLE, EH? ¡QUE APAREZCA EL CULPABLE Y VERÁ LA QUE LE DOY!

¡EL MUNDO HACE SIGLOS QUE ANDA MAL! ¿OÍSTE? ¡SIGLOS!

¡ENTONCES EL CULPABLE DEBE HABERSE MUERTO! ¡¡EL MUY COBARDE!!..

¡APURATE, FELIPE!
NO QUIERO PERDER EL
NOTICIOSO. ¡SEGURO
DIRÁN ALGO DEL
"MARINER" Y LAS
FOTOS DE MARTE!
102

¡VIDA EN MARTE!
¿NO ES SORPRENDENTE
QUE HAYA VIDA EN
OTROS PLANETAS?
TIC

"....Y BOMBARDEARON INTEN-
SAMENTE VIETNAM DEL NORTE.-
-GINEBRA: NO SE LLEGA A
UN ACUERDO SOBRE DESARME
NUCLEAR.- JORDANIA: UN
NUEVO TIROTEO CON TROPAS
DE ISRAEL"....

LO SORPRENDENTE
ES QUE HAYA VIDA
EN ESTE PLANETA
QUINO

¡QUÉ FOTOGÉNICO
HABÍA RESULTADO
MARTE, ¿EH?!
¡MUY FOTOGÉNICO!
104

¡Y LOS O.V.N.I.S
TAMBIÉN, POR
SUPUESTO!
¡MUY LINDOS!

¿TE HAS VUELTO
TONTO, FELIPE?
¡SSSHH!

CONVIENE IR
CAYÉNDOLES
SIMPÁTICOS
QUINO

¡ES ABSURDO! ¡LAS PALANGANAS VOLADORAS NO EXISTEN!
¡YA LO SÉ!

¿ENTONCES POR QUÉ NO JUGÁS A LOS PLATOS VOLADORES?

¡PORQUE EN UN PLATO NO QUEPO, PAPANATAS!

¡FANTÁSTICO! ¡ESTOY IGUALITO! ¡ME EMOCIONA QUE TE ACORDÉS TAN BIEN DE MÍ!

PORQUE... LO HICISTE DE MEMORIA, ¿NO?
NO...

LO HICE CON ESTE MODELO

HOY HE APRENDIDO QUE LA VERDAD DESILUSIONA A LA GENTE

¡DECIDIDO!
¿DECIDIDO QUÉ?
126

¡SERÉ INGENIERO!
¿Y PARA ESO TENÍAS QUE SUBIRTE A LA SILLA?

¡ES QUE SERÉ UN GRAN INGENIERO!

¿QUÉ ESTÁS HACIENDO, MAFALDA?
ESTOY PLANIFICANDO MI VIDA
127

PARA NO VIVIR A TONTAS Y A LOCAS ESTOY TRAZANDO UN PLAN QUE ME AYUDE A ORGANIZAR MI VIDA CON CLARIDAD

TEÓRICAMENTE HABLANDO, POR SUPUESTO

QUIZÁS YO TAMBIÉN DEBERÍA PLANIFICAR MI VIDA
129

VEAMOS: LA SEMANA QUE VIENE COMPRARÉ DOS NUEVAS REVISTAS DE HISTORIETAS

PERO.....¿LAS COMPRARÉ? NO HAY QUE OLVIDAR QUE EL DESTINO NOS MANEJA A SU CAPRICHO

¿CÓMO DIABLOS HARÁ EL DESTINO PARA ADELANTAR SUS CAPRICHOS UNA SEMANA? ¿TENDRÁ UNA I.B.M.?

¿QUIÉN ES ESTE TIPO, FELIPE?
EL LLANERO SOLITARIO.
133

¿POR QUÉ SOLITARIO?
PORQUE LUCHA ÉL SOLO CONTRA LOS MALOS

¡CÓMO! ¿EL BORRICO ESTE NO SABE QUE ES MUCHO MÁS POSITIVO TRABAJAR EN EQUIPO?

¡HAY TIPOS IGNORANTES!...

ESTE ES JOE CRANE, UN MALVADO QUE LES VENDE ARMAS A LOS APACHES
136

PERO EL LLANERO SOLITARIO ESTÁ AL TANTO DE TODO, ¿VES?

¡IMPEDIRÉ QUE JOE CRANE CONTINÚE VENDIENDO ESOS FUSILES A LOS APACHES!

¿Y QUIÉN SE CREE QUE ES EL MASCARUDO ESE PARA VENIR A COARTAR LA LIBERTAD DE COMERCIO?
@QUINO

¿HACIA DÓNDE CREEN USTEDES QUE SE DIRIGE LA HUMANIDAD?
141

HACIA ADELANTE, POR SUPUEST....

¡ADELANTE ES PARA ALLÁ!
!

¡ALLÁ NO ES "ADELANTE"!
¡PERO ES MI "ADELANTE"!
¡TU "ADELANTE" NO ES MI "ADELANTE"!
¡NO!
EMPIEZO A COMPRENDER POR QUÉ A LA HUMANIDAD LE CUESTA TANTO IR HACIA ADELANTE
@QUINO

¿ Y CUANDO UNO ESTÁ AQUÍ Y NO TIENE GANAS DE DECIR NADA... QUÉ?

¿ADÓNDE VAS, FELIPE?
AL ALMACÉN DE MANOLITO
142

ESTOY AHORRANDO PARA COMPRARME UN MECANO
¿ENTONCES POR QUÉ NO GUARDÁS ESA MONEDA EN TU CHANCHITO?

?
NUCOOM

PORQUE APARTE DEL DE MANOLITO, NO CONOZCO NINGÚN OTRO CHANCHITO QUE PAGUE INTERESES ACUMULATIVOS
QUINO

ES UNA CARTA IMPORTANTE, FELIPE. ¡POR FAVOR, ESCRI-BIMELA!
BUENO, ESTÁ BIEN. DAME
145

"AL SR. SECRETARIO GENERAL DE LA UN:
CONSIDERANDO QUE CUANDO EN WASHINGTON Y LONDRES ES DE DÍA,...."
!

"....EN MOSCÚ Y PEKÍN ES DE NOCHE,...¿HA PENSADO USTED QUE TAL VEZ....."

"...LO QUE DIVIDE AL MUNDO NO ES LA POLÍTICA, SINO LA CAMA?"
QUINO

¿SE TE HA OCURRIDO PENSAR EN LA CANTIDAD DE MINUTOS QUE ESPERAN TURNO PARA SALIR DE LOS RELOJES?
148

¡TENEMOS POR DELANTE MILLONES DE MINUTOS SIN USAR! ¡MINUTOS RELUCIENTES, NUEVITOS!

¡MINUTOS QUE, SOBRE TODO, TENDREMOS QUE SABER EMPLEAR POSITIVAMENTE!

¡DIOS MÍO! ¡QUÉ RESPONSABILIDAD!

¡ESTÁS FRITA! ¡JAQUE!
158

¿PUEDO EMPLEAR LA "DEFENSA SICILIANA"?
EMPLEALA

¡MASCALZONE!

¡GRACIAS!

¿PARA MÍ?
¿EN SERIO?
REGALITO
DE
PRIMAVERA

¡QUÉ
LINDA FLOR!
¡GRACIAS,
FELIPE!

¿DÓNDE TE
PARECE QUE
LA PONGA?

HA SIDO COMO
REGALARLE UN
TERRÓN DE AZÚCAR
A FIDEL CASTRO

¿QUÉ PODRÍAMOS HACER
POR MANOLITO Y SU HIPO?
PRIMERO PODEMOS
VER QUÉ NOS EXPLICA
EL DICCIONARIO SOBRE
EL HIPO
¡HIP! ¡HIP!

"HIPO: MOVIMIENTO
CONVULSIVO, PROVOCADO
POR CONTRACCIONES
INVOLUNTARIAS DEL
DIAFRAGMA".
¡HIP!

¿
¡HIP!

¿NO TE SENTÍS, AL
MENOS, UN POQUITO
MÁS IMPORTANTE?
¡HIP!

¿TE MOLESTA QUE TE PREGUNTE CUÁNTO GANA TU PAPÁ, FELIPE?
¡NO, POR SUPUESTO!

¡NO VOY A MOLESTARME PORQUE ME PREGUNTES ESO!...

¿CUÁNTO GANA?

¡TAMPOCO VOY A MOLESTARME EN CONTESTARTE ESO!...

¡FELIPE! ¡FELIPE!

¿SABÉS QUÉ SE ME OCURRIÓ REGALARLE A MI MAMÁ? ¡UN LIBRO!
¡FANTÁSTICO! ¿CÓMO HICISTE?

¡Y!... PENSÉ QUÉ ME GUSTARÍA QUE ME REGALARAN A MÍ SI YO FUERA MI MAMÁ
¡CLARO! ¡ESE ES EL SISTEMA! ¡A VER!... ¡YA ESTÁ!...

AUNQUE NO SÉ PARA QUÉ DIABLOS QUIERE MI MAMÁ LA COLECCIÓN COMPLETA DE "EL LLANERO SOLITARIO"

ES MUY GRACIOSO LO QUE SE ME OCURRE PENSAR A MÍ CUANDO ME PONEN EN PENITENCIA
191

PIENSO QUE ME VOY A MORIR... ¡JHÁ!... Y QUE MIS PAPÁS LLORARÁN ARREPENTIDOS POR HABERME PUESTO EN PENITENCIA, SIENDO YO TAN BUENO

"¡ERA TAN BUENO!... ¡Y SE MURIÓ'!... ¡Y ESTABA EN PENITENCIA!...¡Y... ....Y......"........

¡SÑÍG!..
QUINO

197

?

¿QUÉ OCURRE? ¿ARRANCÓ LA HELADERA?

NO; MI PAPÁ COMENZÓ A VESTIRSE PARA IR AL DENTISTA
QUINO

MI PAPÁ ME CONTÓ SU VISITA AL DENTISTA
¡SIEMPRE QUISE SABER CÓMO ES UN CONSULTORIO DE ESOS!

BUENO, TE DIRÉ,.... NO ES NADA ORIGINAL

ES UNO DE ESOS TANTOS LUGARES A LOS QUE LA GENTE VA, SE SIENTA,...

...Y ABRE LA BOCA PARA NO DECIR NADA

...EL QUE TRABAJA SABE QUE EL QUE ESTÁ SIN HACER NADA PASA UN MAL MOMENTO

...Y EL QUE ESTÁ SIN HACER NADA, SE QUEJA

¡PORQUE VIVIMOS UNA CRISIS SOCIAL Y GRE-MIAL! ¡ESO ES LO QUE OCURRE EN EL PAÍS!

PERO NOSOTROS HABLÁBAMOS DE LO QUE OCURRE EN LO DEL DENTISTA

ADIÓS, CHICAS
ADIÓS, FELIPE

ESTE FELIPE ES MUY BUENO, ¿NO?
¿ES DE GRAN ACEPTACIÓN EN EUROPA Y ESTADOS UNIDOS?

¿Y ESO?
¿A QUÉ VIENE?

A QUE NADA ES BUENO SI NO ES DE GRAN ACEPTACIÓN EN EUROPA Y ESTADOS UNIDOS

¡TENGO UN CUENTO GRACIOSÍSIMO!
¡CONTALO!

UN SUBMARINO SE SUMERGIÓ; Y BAJÓ TANTO, TANTO, PERO TANTO, QUE LOS PECES SE PREGUNTABAN:"¿SERÁ UN SUBMARINO MONEDA NACIONAL?"

JHÁ-JHÁ JHÁ-JHÁ...

LO QUE PASA ES QUE ES DE UN HUMOR MUY PROFUNDO

VEO QUE SOS BUENA PERDEDORA, SUSANITA

OTROS, CUANDO PIERDEN..., ¡HAY QUE VER CÓMO SE PONEN!

¡SÑÍG!...

¡MALDITO SEA!... ¡CON LO BIEN QUE ME ESTABA SALIENDO LA HIPOCRESÍA!...

ME HE ENTERADO QUE TE INTERESA EL TEMA DE LOS SUEÑOS, MAFALDA

LAS OTRAS NOCHES TUVE UN SUEÑO QUE ENFOCABA EL PROBLEMA DE LA SOLEDAD DEL INDIVIDUO
¡SALUTE!

¡SÍ, SEÑOR! ¡EL TERRIBLE Y ANGUSTIOSO PROBLEMA DE LA SOLEDAD DEL INDIVIDUO! ¡NO TE EXAGERO!...

BUENO..., TAL VEZ SÍ TE EXAGERO..., PORQUE EN REALIDAD, SOÑÉ CON EL LLANERO SOLITARIO

ESCUCHEN ESTO:"EN EL AÑO 1900, LOS HABITANTES DE LA TIERRA SUMABAN MIL SEISCIENTOS MILLONES. EN LA ACTUALIDAD, SOMOS TRES MIL MILLONES,..."

"...Y SE CALCULA QUE EN LOS PRÓXIMOS 30 AÑOS LLEGAREMOS A SER SIETE MIL MILLONES"

POR FAVOR, MANOLITO, ¿QUERÉS NO ADELANTARTE TREINTA AÑOS, Y SACAR TU CODO DE MIS COSTILLAS?

...Y CUANDO LA POBLACIÓN MUNDIAL LLEGUE A SIETE MIL MILLONES, ¡VAMOS A VIVIR TODOS APRETADOS COMO PEREJIL EN MACETA!

¡VAMOS, MAFALDA!... ¡NO HAY QUE TOMAR EL ASUNTO TAN A LA TREMENDA! ¡NO ES PROBLEMA LA CANTIDAD DE GENTE!

¡LO ESENCIAL ES QUE NO AUMENTE EL PORCENTAJE DE TONTOS!... ¡Y ESO NO TIENE POR QUÉ OCURRIR!

TENÉS RAZÓN, FELIPE. NO LO HABÍA PENSADO. ¡GRACIAS POR TRANQUILIZARME!

SE ME OCURRE QUE EL DÍA DE MAÑANA NO VOY A SER MAL PADRE

¡SOPA!

¿POR QUÉ DECÍS MALAS PALABRAS, SUSANITA?
¡POR EL MALDITO ASUNTO DE LA SUPERPOBLACIÓN!

¡¿AHORA VOS CON ESA CUESTIÓN?! PERO ¿QUÉ DIABLOS TIENE DE MALO QUE DENTRO DE UNOS AÑOS EL MUNDO TENGA MÁS HABITANTES?... ¿EH?

¡QUE ENTRE TANTA GENTE, LOS INDIVIDUALISTAS VAMOS A ANDAR DE PARAMALES!

¡QUE A MANOLITO, CON LO BESTIA QUE ES, LE GUSTE LA SOPA, NO ME EXTRAÑA! ¡LO QUE ME REVIENTA ES QUE LOS GRANDES NOS QUIERAN HACER CREER QUE SI UNO NO LA TOMA, NO CRECE!

ALMACEN
!

¿SABEN QUE POR FIN LARGARON A MI HERMANO DEL SERVICIO MILITAR?

¡SÍ!...¡Y ES UNO DE LOS SUSTOS MÁS GRANDES QUE NOS HAN DADO LOS MILITARES!
?

¡TAN CONTENTO QUE ESTABA MANOLITO PORQUE SU HERMANO SALIÓ DEL SERVICIO MILITAR!...
¿Y QUÉ PASÓ?

QUE SUSANITA LE DIJO QUE ERA UN ASCO TENER UN HERMANO, QUE FUE CONSCRIPTO
¡LA TARADITA!...

¿QUÉ HARÍA ENTONCES SUSANITA EN ISRAEL, DONDE LAS MUJERES HACEN EL SERVICIO MILITAR?

¡SERÍA ANTISEMITA!

LA VERDAD..., ME ATERRA UN POCO PENSAR QUE ALGÚN DÍA TENDRÉ QUE HACER EL SERVICIO MILITAR

¡TE MANDARÉ AL CALABOZO, POR INÚTIL!

LE CONVIENE NO HACERLO, SARGENTO
¡CIELOS! ¡EL LLANERO SOLITARIO!

¿OÍSTE ANOCHE AL IDIOTA QUE NO SÉ A QUÉ HORA SE PUSO A DAR HURRAS?
NNN... NO, NO

NADIE ESPERE
QUE YO DIGA
ALGO

¡AH! VEO QUE TU RADIO TAMBIÉN TIENE EL SELLITO "MADE IN JAPAN"
¿CÓMO "TAMBIÉN"?
241

SÍ, ¿VES? AHÍ DICE "MADE IN JAPAN"
MI LINTERNA TAMBIÉN ES "MADE IN JAPAN"

EL ENCENDEDOR DE MI PAPÁ TAMBIÉN, LA CÁMARA FOTOGRÁFICA, LOS PRISMÁTICOS, MIS JUGUETES A PILA,...¡TODO TIENE EL MISMO SELLITO "MADE IN JAPAN"!

?

¡ES DISTINTO! ¡QUÉ SUSTO!...

¡POR FIN, DIOS MÍO, POR FIN!...
247

¿QUÉ TE PASA, MAFALDA?
¡QUE LLEGA LA NAVIDAD! ¡Y LLEGA PARA TODOS! ¿TE DAS CUENTA? ¡PARA TODOS!

¿Y?
¡CÓMO!... ¿NO TE DAS CUENTA?
¿DE QUÉ?

¡DE QUE POR FIN LLEGA ALGO QUE NO ES SOLO PARA EJECUTIVOS, HOMBRE!...

251
ME PREGUNTO CUÁNTOS MESES MEDIRÁ EL AÑO QUE VIENE

¡DOCE,...COMO TODOS! ¿O QUÉ ESPERABAS?

UN AÑO ¡COMPACTO!

253
UNA FRASE TAN GASTADA COMO "FELIZ AÑO NUEVO" NO CONVENCE A NADIE DE QUE EL AÑO QUE VIENE SERÁ MEJOR QUE ESTE
¿Y QUÉ HABRÍA QUE DECIR, ENTONCES?

¡¡PORRR FINNN!! ¡¡YA LLEGAAAAÁ!! ¡¡"AÑO NUEVO"!! ¡ÚNICO CON 'F-K-66'!

¿NO CREÉS QUE ESO LEVANTARÍA LA MORAL DE LA GENTE?
¡NO!

FRANCAMENTE, YO TAMPOCO

¡ESTA NOCHE LLEGAN LOS REYES!
258

¡TENGO UNOS NERVIOS!... ¿Y VOS?¿EÉH?

¡EH!¿Y VOS? ¿TENÉS NER-VIOS, O QUÉ TENÉS?

"NERVO-CALM" -GRAGEAS-

?
262

¿QUÉ?

¿QUÉ?

¡QUE SI TE GUSTA EL CASCO ESPACIAL QUE ME TRAJERON LOS REYES!

NADIE ME OYE CUANDO HABLO CON MI CASCO ESPACIAL

¡ES INÚTIL!... LA GENTE NUNCA ESCUCHA AL QUE VIENE CON ALGO PROGRESISTA EN LA CABEZA

?
TUP!

¡BONK!

¿SOS VOS, GORDON COOPER?

¿QUÉ PASÓ?
TE ATROPELLÉ CON MI TRICICLO

Y SALISTE POR EL AIRE
¡FUUUiiiiiiiiiiiiiiiiiiiiiT!
Y ¡BONK!, VOLVISTE A TIERRA

NO DIRÉ QUE HEMOS ESCRITO LA PRIMERA PÁGINA, PERO SÍ LOS PRIMEROS RENGLONES DE LA COSMONÁUTICA NACIONAL

....Y LO ATROPELLÉ CON MI TRICICLO, Y SALIÓ POR EL AIRE ¡FUUUiiiiiiiiiiiiiiiT! Y ¡BONK! VOLVIÓ A TIERRA

¿QUÉ SE TE OCURRE QUE PODEMOS HACER POR ÉL, MANOLITO?

¿GESTIONARLE UNA BECA EN LA N.A.S.A.?

¿TE ENTERASTE?
¡MAFALDA ATROPELLÓ
CON SU TRICICLO A
FELIPE Y LO TIRÓ
DE CABEZA!
267

¡CÓMO!...¿LLEGUÉ TARDE?
¿NO ESTABAS TIRADO EN EL
SUELO, DESANGRÁNDOTE?
¡NO, YA ME
LEVANTÉ Y ESTOY
LO MÁS BIEN!

¡ESTO ES
BURLARSE DE
LA HONESTA
MORBOSIDAD
DE UNO!

270

¿QUIEREN QUE
LES CUENTE "LA
CENICIENTA"?

¡NO! ¡NO!

BASTABA UNO SOLO.
¡NO HABÍA POR QUÉ
HACÉRMELO ESCUCHAR
EN "ESTÉREO"!

¿CUÁNTOS DÍAS TE VAS DE VACACIONES?
UNOS DIEZ, CREO; DEPENDE DE MI PAPÁ
279

ÉL DICE QUE LOS PASAJES CUESTAN UNA BARBARIDAD, QUE LOS HOTELES CUESTAN UNA BARBARIDAD Y QUE ¡TODO CUESTA UNA BARBARIDAD!

¿Y VOS?.... ¿CUÁNTOS DÍAS TE VAS DE BARBARIDAD?

VOS QUE YA HICISTE EL PRIMER GRADO, CONTAME, FELIPE, ¿CÓMO ES IR A LA ESCUELA?
309

¡LA PUCHA!...

DECIME, FELIPE, ¿ES CIERTO QUE EN LA ESCUELA LOS MAESTROS PEGAN A LOS CHICOS?
NO, ESO ERA ANTES; HOY LAS COSAS HAN CAMBIADO MUCHO
312

¿AHORA SON LOS CHICOS LOS QUE PEGAN A LOS MAESTROS?
¡NO, HOMBRE!... ¡TAMPOCO!
©QUINO

¡COMO SIEMPRE!.. ¡AQUÍ LOS CAMBIOS NUNCA SON DE FONDO!

¡DICHOSAS LAS MOSCAS, QUE NO TIENEN QUE IR A LA ESCUELA! ¡ME GUSTARÍA SER UNA MOSCA!
314

¡Y VOLAR, LIBRE! Y NO TENER QUE REPASAR LAS TABLAS DE MULTIPLICAR, NI AGUANTAR A LA MAESTRA, NI.....

¡PAF!

©QUINO

TRES POR UNO, TRES. TRES POR DOS, SEIS. TRES POR TRES, NUEVE. TRES POR CUATRO,...

¡ESTOY TAN CONTENTO CON MI MAESTRA!... ES UNA MUJER BONDADOSA, SIMPÁTICA... ¡QUÉ SÉ YO!... ¡ES EXTRAORDINARIA!

ES UNA SUERTE QUE TE HAYA TOCADO UNA MAESTRA ASÍ, PORQUE A LA MAESTRA UNO TIENE QUE VERLA TODOS LOS DÍAS...

...Y TODAS LAS SEMANAS..., ¡Y TODOS LOS MESES DE TODO UN LARGO AÑO!

¡QUÉ VIEJA INSOPORTABLE!

¡ES ABSURDO QUE ESTÉS ENOJADO CON SUSANITA! ELLA TENDRÁ SUS COSAS, PERO ES BUENA AMIGA. Y UNO NO PUEDE ENOJARSE CON BUENOS AMIGOS. Y ADEMÁS....

...Y ADEMÁS, ¡CLARO! SI TUVIÉRAMOS A UN JUGADOR COMO PELÉ, NO ANDARÍA ASÍ NUESTRO FÚTBOL. PORQUE CON UN PELÉ NOS COMERÍAMOS CRUDOS AL INTER Y AL REAL MADRID Y AL.....

FEDERACIÓN OBRERA DE LA CONSTRUCCIÓN. BUENAS TARRRDESSS
333

BUENAS TARDES, SEÑOR. POR FAVOR ¿ME PODRÍA INFORMAR SI EL GREMIO ESTÁ EN HUELGA?
NO, POR EL MOMENTO NO ESTÁ EN HUELGA

¡CRETINOS!
¡ENTONCES TENDRÉ QUE RESOLVER ESE MALDITO ASUNTO PARA MAÑANA MISMO!
¡CLACK!

"SI UN ALBAÑIL COLOCA 100 LADRILLOS EN 1 HORA, ¿CUÁNTOS LADRILLOS COLOCARÁ EN 2½ HORAS?"

¡HAGO UN LLAMADO EN FAVOR DEL DESARME MUNDIAL!
337

ESE LLAMADO LO VIENEN HACIENDO A CADA RATO GRANDES PERSONALIDADES ¿Y QUIÉN LES LLEVA EL APUNTE?

NADIE

PERO TOTAL, ES GRATIS,.......Y ESAS PERSONALIDADES Y YO QUEDAMOS COMO REYES

¡LA TRACCIÓN TRASERA ES MEJOR QUE LA TRACCIÓN DELANTERA!
¡PERO NO TENÉS MARCHA ATRÁS!
340

¡Y ADEMÁS EL MÍO GASTA MENOS COMBUSTIBLE; YO CON UNA TAZA DE CAFÉ CON LECHE TENGO PARA ANDAR TODA LA MAÑANA ENTERA!

¡EN CAMBIO VOS, CON ESA CATRAMINA, A MEDIA MAÑANA: ¡ZÁS, UN SÁNDWICH!
¿NO?

¡BUENO, BASTA! ¡ESTAS COSAS DE MECÁNICA NO ME GUSTA DISCUTIRLAS CON MUJERES!
©QUINO

ME HE ENTERADO DE QUE MÁS DE LA MITAD DE LA POBLACIÓN MUNDIAL SOMOS NIÑOS
¿Y ESO DE QUÉ NOS SIRVE?
344

AHORA, DE NADA, PERO DENTRO DE TREINTA AÑOS VAMOS A SER NOSOTROS LOS QUE HAREMOS COSAS Y OCUPAREMOS CARGOS Y EL MUNDO VA A ESTAR EN MANOS DE NOSOTROS, LOS NIÑOS

¡PERO, HOMBRE! ¡DENTRO DE TREINTA AÑOS YA NO VAMOS A SER NIÑOS!

¡VOS SIEMPRE TRATANDO DE AMARGARLE LA VIDA A UNO!
©QUINO

CUANDO UNO NO SABE QUÉ DECIR, NO SABE CÓMO DECIR QUE NO SABE QUÉ DECIR
CUANDO UNO NO SABE QUÉ DECIR, NO SABE CÓMO DECIR QUE NO SABE QUÉ DECIR
CUANDO UNO NO SABE QUÉ DECIR, NO SABE CÓMO DECIR QUE NO SABE QUÉ DECIR

¡QUÉ FANTÁSTICO! AQUÍ DICE QUE DENTRO DE DIEZ AÑOS, LOS RUSOS Y LOS NORTEAMERICANOS YA VAN A ESTAR INSTALADOS EN LA LUNA
345

¡QUÉ SUERTE PARA LOS SELENITAS!

LOS SELENITAS NO EXISTEN

JUSTAMENTE.......... ¡QUÉ SUERTE PARA LOS SELENITAS!

¡ESTO NO ES VIDA! ¡SIEMPRE METIDO AQUÍ EN LA CIUDAD!
347

¡CÓMO QUISIERA ESTAR EN EL CAMPO, TODO RODEADO DE VERDE!.....
?

....Y DE VAQUITAS MUGIENDO DULCEMENTE.....

"MUUUUU,...QUEREMOS LA REFORMA AGRAAAARIAA"

NO HAY CASO; ESTE MUNDO MATERIALISTA DE HOY NO ES PARA VOS, FELIPE
NERVOCALM

FRANCAMENTE, YO CREO QUE SI LOS NORTEAMERICANOS Y LOS RUSOS DICEN QUE QUIEREN EL DESARME, ES PORQUE REALMENTE LO QUIEREN
349

¡SEGURO, FELIPE!... SI TE DICEN QUE LAS VACAS VUELAN, TAMBIÉN LO CREÉS, ¿NO?
¡ANDÁ!....¡VOS SIEMPRE LA MISMA!

¡HOLA!
¡SHHH!... EN VOZ BAJA, QUE TENGO UN ENFERMO EN CASA
353

¿ESTÁ ENFERMO TU PAPÁ?
NO

¿TU MAMÁ, ENTONCES?
TAMPOCO

¡UNA TUERCA!
¡OXIDADA! ¿PARA QUÉ DEMONIOS SIRVE?
360

TODO SIRVE PARA ALGO

PERO NADA SIRVE PARA TODO

¿HAS PENSADO EN LO QUE OCURRIRÍA SI NO EXISTIERA LA DISTANCIA, FELIPE?
¿SI NO EXISTIERA LA DISTANCIA? NO. ¿QUÉ OCURRIRÍA?
362

QUE TODO ESTARÍA AQUÍ. ¿TE DAS CUENTA DE LO QUE SERÍA QUE TODO ESTUVIERA AQUÍ?

EL KREMLIN
EL LLANERO SOLITARIO
LOS BEATLES
ÁFRICA
CUBA
TODO AQUÍ
EL MURO DE BERLÍN
DISNEYLANDIA
VIETNAM
Jerry Lewis
PELÉ
EL KU-KLUX-KLAN

¿TE DAS REALMENTE CUENTA, FELIP.....

SÍ, SE DA REALMENTE CUENTA

¿TE HAS PREGUNTADO ALGUNA VEZ PARA QUÉ ESTAMOS EN ESTE MUNDO, FELIPE?
364

NO; NO ME LO HE PREGUNTADO NUNCA, PERO ME LO PREGUNTO AHORA MISMO: ¿PARA QUÉ ESTAMOS EN ESTE MUNDO?

Y ME CONTESTO TAMBIÉN AHORA MISMO: ¡QUÉ SÉ YO PARA QUÉ DIABLOS ESTAMOS EN ESTE MUNDO!

ESTE TIPO DE PROBLEMAS, CUANTO ANTES SE LOS SAQUE UNO DE ENCIMA, MEJOR

¿CONOCEN EL CUENTO DE LA HORMIGUITA Y EL ELEFANTE? ¡ES GRACIOSÍSIMO! ¡JÁ-JÁ!
CONTALO
¡DALE!
370

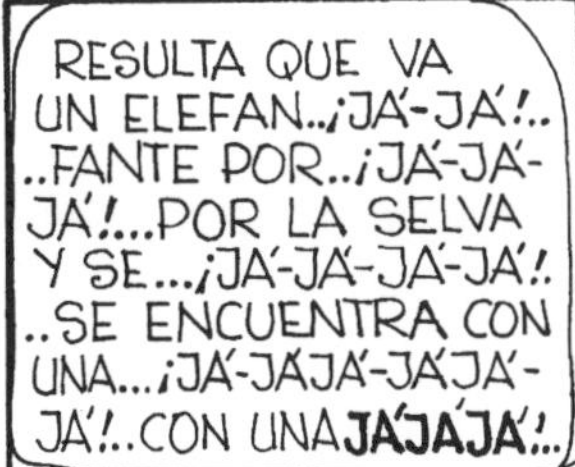

RESULTA QUE VA UN ELEFAN...¡JÁ-JÁ!... ...FANTE POR...¡JÁ-JÁ-JÁ!...POR LA SELVA Y SE...¡JÁ-JÁ-JÁ-JÁ!... ..SE ENCUENTRA CON UNA...¡JÁ-JÁJÁ-JÁJÁ-JÁ!..CON UNA JÁJÁJÁ!..

PENSÁ EN TODOS LOS DÍAS QUE FALTAN PARA QUE SE ACABEN LAS CLASES, Y EN LOS EXÁMENES DE FIN DE AÑO, Y EN TODO ESO

BIEN, ¿CÓMO ERA ESE CUENTO?

RESULTA QUE VA UN ELEFANTE POR LA SELVA Y SE ENCUENTRA CON UNA HORMIGUITA Y ENTONCES LA MIRA Y LE DICE CON SU VOZ DE ELEFANTE:"¿QUÉ CHIQUITA SOS", ENTONCES...

¡BANG!
¡LA PUCHA!
371

¡¡"LA PUCHA" NO!! ¡TENÉS QUE DECIR ¡AAUUGH!, COMO EN LAS HISTORIETAS DE COW-BOYS!

¡¿DÓNDE HAS VISTO QUE UN COW-BOY DIGA ¡LA PUCHA! CUANDO LE PEGAN UN TIRO?!

¿POR QUÉ NO TE VAS UN POCO AL CUERNO CON TUS MUERTES EXTRANJERIZANTES, FELIPE?

CHA-CHA'A'NN ↓ CHA-CHA'A'A'NN...
♫ AQUÍ VIENE NADA MENOS QUE...
379

¡EL LLANERO SOLTERÓN!

¡SOLITARIO!

VIENE A SER LO MISMO, FELIPE; EN EL FONDO, TODO SOLTERÓN ES UN SOLITARIO

HAY GENTE CAPAZ DE ESTROPEARLE LA FANTASÍA AL MÁS PINTADO

¿TE GUSTA MI NUEVO PAÑUELO "JAMES BOND"?
383

¿QUERÉS? SON PASTILLAS MENTOLADAS "JAMES BOND"

¡IRRESISTIBLEMENTE VARONIL!... ¡LOCIÓN COLONIA "JAMES BOND"!

¡SOCORRO!

PERO ¿QUÉ DIABLOS SIGNIFICA ESA PALABRA "PICHIRUCHI"?
NO SÉ EXPLICÁRTELO. PICHIRUCHI PUEDE USARSE PARA DEFINIR MUCHAS COSAS
389

NO ENTIENDO CÓMO PODÉS USAR UNA PALABRA SIN SABER EXPLICAR QUÉ QUIERE DECIR. LO SIENTO EN EL ALMA, PERO NO ENTIENDO

¿LO SENTÍS DÓNDE?
EN EL ALMA
¿Y QUÉ ES EL ALMA, FELIPE? EXPLICAME

Y... PUEEES... BUENO, ¿EL ALMA?... ES ESA COSA QUE ES UNO..., PERO NO ES UNO, SINO QUE... ¡CLARO!... ES... ¿NO? ES... MÁS BIEN... ¡EN FIN!... ES... ES... ES...

¡ESTUVISTE CLARÍSIMO, FELIPE! ¡CLARÍSIMO!

HE QUEDADO COMO UN VULGAR PICHIRUCHI

¡ME CONTARON UN CUENTO BUENÍSIMO! RESULTA QUE EL CAPITÁN PREGUNTA AL RECLUTA: "¿SABE NADAR?". "¡SÍ, MI CAPITÁN!", RESPONDE EL RECLUTA; ENTONCES...
391

¡AH, SÍ! ¡LO CONOZCO! LUEGO EL CAPITÁN LE PREGUNTA: "¿Y DÓNDE APRENDIÓ?". "EN EL AGUA", CONTESTA EL OTRO. ¿ES ESE, FELIPE? ¿EHÉ? ¿ES ESE? ¡ES ESE! ¿NO? ¿ES ESE? ¿EHÉ?

¡¡TE REQUETE-CONTRAODIO, SUSANITA!!

Y AL FINAL, NO NOS ENTERAMOS SI ERA O NO ESE

¡ES FANTÁSTICO!
398

ENCONTRARON RESTOS FÓSILES DE UN ANIMAL MUERTO HACE CIEN MIL AÑOS
¡SALUTE! ¡CIEN MIL AÑOS!

¡SNÍG!

¿A QUÉ HORA MURIÓ EL POBRECITO?

"OCULTÉMONOS ACÁ. DEBEMOS INTERCEPTAR A LA MUJER QUE TRAE EL MENSAJE"
402

"SÍ, ASÍ DESBARATAREMOS EL PLAN DE EL LLANERO SOLITARIO"

"¡CHIST! ¡ATENCIÓN, QUE AQUÍ VIENE LA MUJER!"

¡Y ENCIMA LO PROCLAMAN POR LA CALLE!... ¡QUÉ ASCO DE GENERACIÓN!

¡ESTE MALDITO ME ESTÁ GANANDO!
421

SEGÚN EL REGLAMENTO, ¿HAY ALGÚN CASO EN QUE SE PUEDA MOVER MÁS DE UNA PIEZA POR VEZ?
SOLO EN EL ENROQUE

¡TOc!

EL REGLAMENTO DEBIERA CONTEMPLAR OTROS CASOS

¡BANG!
¡BANG!
¡Y BANG!
435

¿CÓMO "Y" BANG?
¿DÓNDE VISTE
QUE UN REVÓLVER
DIGA "Y"?

¡UN REVÓLVER
PUEDE DECIR
"¡BANG!", "¡PANG!"
E, INCLUSIVE,
"¡PÚNG!", PERO
NUNCA "Y"!

¿A QUIÉN PUEDE
INTERESARLE
JUGAR A LOS "COW-
BOYS" CON DON
JOSÉ MARÍA PEMÁN?

¡AJAJHAÁA!
¡JAQUE!
439

¡GANÉ!
¡JAQUE
AL REY!

EL REY
HA MUERTO.
¡VIVA EL
REY!

ANTE TANTA
DIGNIDAD, ¿QUIÉN
PUEDE ALEGRARSE
DE HABER GANADO?

...¡LLEVA LA PELOTA POR EL MEDIO CAMPO!....
¡ESO ME GUSTARÍA!... ¡SER JUGADOR DE FÚTBOL, PARA NO TENER QUE IR A LA ESCUELA!
442

....¡SIGUE AVANZANDO PELIGROSA-MENTE, ELUDE A UN HOMBRE, SE VA ACERCANDO AL ÁREA, ¡VA A REMATAAAR Y....

...¡¡FOUL!!...... ¡VIOLENTÍSIMO EL FOUL, MIS AMIGOS!.....¡¡LO BARRRRRIERON AHÍ AL HOMBRE!!¡¡LE HACHARON LA PIERNA!!....

EL CONTINENTE AMERICANO ESTÁ FORMADO, A SABER, POR: AMÉRICA DEL NORTE, AMÉRICA CENTRAL, O CEN-TROAMÉRICA, Y AMÉRICA DEL SUR, O SUDAMÉRICA; SIENDO SUS PRINCIPALES RÍOS.....
©QUINO

VEO MUCHAS REVISTAS DE FOTONOVELAS,...
?
451

...Y VEO BAILES EN UN CLUB DE BARRIO Y LUEGO UN CASAMIENTO,..

... Y DESPUÉS VEO FREGAR Y FREGAR EN LA CASA HASTA SER UNA VIEJITA
©QUINO

¡PENSAR QUE ESO ES TODO LO QUE VEN LAS MUJERES QUE MIRAN LA VIDA A TRAVÉS DE UN RULERO!..

UN PRIMO MÍO QUE SABE INGLÉS ME TRADUJO ALGUNAS CANCIONES DE "LOS BEATLES"
¿A VER?
453

¿TENÉS UN LÁPIZ? AQUÍ HAY UNA FRASE QUE QUISIERA COPIAR
¡SEGURO!

"CUANDO TE VI, CON ÉL, SENTÍ QUE MI FUTURO SE DERRUMBABA"

SOLO UNOS GENIOS COMO "LOS BEATLES" PODÍAN INTERPRETAR TAN BIEN LO QUE SENTÍ LA PRIMERA VEZ QUE VI A MI MAMÁ CON UN PLATO DE SOPA

DECIME, FELIPE, ¿VOS CREÉS REALMENTE QUE LA TV NOS ATROFIA LA IMAGINACIÓN A LOS CHICOS?
455

BUENO, NO SÉ; NUNCA HE PENSADO EN EL ASUNTO

LA PEREZA ES LA MADRE
DE TODOS LOS VICIOS, PERO
UNA MADRE ES MADRE ANTES
QUE NADA, Y ESO HAY QUE
RESPETARLO, ¡QUÉ JOROBAR!

¿HAS LEÍDO ESTO? AQUÍ DICE QUE LA TV ES UN VEHÍCULO DE CULTURA
461

¿UN VEHÍCULO DE CULTURA?
AJHÁ'

¡TOMA!
¡BANG! ¡BANG!
¡AUGGH!

¡YO QUE LA CULTURA, ME BAJABA Y SEGUÍA DE A PIE!

LE HE PRESTADO MIS REVISTAS A MANOLITO, PARA QUE SE DISTRAIGA UN POCO DE SU GRIPE
470

AT... AAAT...
¡¡NO ESTORNUDES DELANTE DE LA...!
REV...
..CHÍÍÍSSS!

¡TARDE!
COW-BOY

¡MANOLITO ESTÁ EN CAMA CON GRIPE, DE ACUERDO! PERO... ¿PARA QUÉ VAS A VISITARLO CON ESE CASCO ESPACIAL?
PARA EVITAR EL CONTAGIO
473

¿QUÉ PASA SI VOY SIN CASCO Y ME CONTAGIA?
¡SI TE CONTAGIA, MALA SUERTE! ¡LA AMISTAD EXIGE CIERTOS SACRIFICIOS!

NO VEO QUE TENGA NADA DE MALO DARLES UN TOQUE MODERNO A LOS SACRIFICIOS

¡LO CONTENTOS QUE SE VAN A PONER FELIPE, SUSANITA Y MAFALDA CUANDO ME VEAN LEVANTADO!
474

¡AMIGOS!... ¡ME HE SACADO ESA MALDITA GRIPE DE ENCIMA!... ¿DÓNDE ESTÁN TODOS?

A MÍ, LO QUE ME GUSTA DE LA GRIPE ES NO TENER QUE IR A LA ESCUELA
476

QUÉ QUERÉS QUE TE DIGA, FELIPE...

YO PREFIERO IR A LA ESCUELA, ESTUDIAR Y HACER DEBERES...

...EN LUGAR DE TENER QUE SOBRE-LLEVAR ESTA INCULTURA A VIRUS

¿QUÉ HACE MIGUELITO AHÍ SENTADO?
DICE QUE ESTÁ ESPERANDO ALGO DE LA VIDA
487

¡MIRÁ QUE SOS TONTO! ¿VOS CREÉS QUE TODO ES CUESTIÓN DE QUE UNO SE SIENTE A ESPERAR PARA QUE LA VIDA LE DÉ ALGO? ¿EHEEE?

SÍ

¿Y CUÁNTO TE PARECE QUE TENDREMOS QUE ESPERAR?

¡BANG! ¡BANG!
¡BANG! ¡BANG!
488

¡BANG! ¡BANG!

¡PÚM!

¡NO, NO y NO! ¡PUM NO SE USA MÁS! ¿QUIÉN ES EL OBSOLETO QUE DIJO PUM?

¡NO SÉ PARA QUÉ DIABLOS ESCUCHÉ ESE NOTICIOSO!
¿POR QUÉ? ¿QUÉ DIJERON EN EL NOTICIOSO?
500

¡QUE, EL PELIGRO DE UN LÍO NUCLEAR NOS AMENAZA A TODOS! ¿TE DAS CUENTA? ¡ABSOLUTAMENTE A TODOS!

¡HOMBRE!...

¡ES LA PRIMERA VEZ QUE HABLAN DE MÍ POR RADIO!

VOY A DIVERTIRME UN RATO ASUSTANDO A MAFALDA CON ESTA ARAÑA DE GOMA
507

¿SABÉS QUÉ TENGO PARA VOS?

BUENO, NUNCA HABÍA QUERIDO DECÍRTELO, PERO PARA MÍ TENÉS LOS DIENTES MUY SALIDOS Y LA CARA DEMASIADO LARGA Y POCO CARÁCTER...

511
¿QUÉ TE OCURRE, FELIPE?

¡ALGO TERRIBLE! ¡SE ME ESTÁ AFLOJANDO UN DIENTE; MIRÁ!
¡UY! ¿A VER?

¿QUÉ TE PARECE?

QUE EN ESTE MOMENTO SOS UNA PÉSIMA PROPAGANDA PARA CUALQUIER PEGATODO

NO TE AMARGUES POR ESE DIENTE FLOJO, FELIPE; CUANDO SE TE CAIGA, LO PONÉS BAJO LA ALMOHADA, Y A LA MAÑANA SIGUIENTE TE ENCONTRÁS CON QUE LOS RATONES TE HAN DEJADO UNA MONEDA
512

¿ME DEJARÁN UNA MONEDA? ¿A MÍÍÍÍ? ¿LOS RATONES?
AJHÁ

¡QUÉ BICHOS SIMPÁTICOS RESULTARON SER LOS RAT...

¿NO ES ESPANTOSO? ACABO DE APRENDER A ODIAR POR CUESTIONES ECONÓMICAS

TENGO UN DIENTE FLOJO, ¿VES? CUANDO SE ME CAIGA, LO PONDRÉ BAJO LA ALMOHADA Y LOS RATONES ME DEJARÁN UNA MONEDA
513

¿UNA MONEDA? ¿EN SERIO? ¿Y CUÁNTO TARDARÁ EN CAERSE EL DIENTE?
Y..., NO SÉ; UNOS DÍAS

¿DÍAS? ¡HOMBRE!... ¡CUANTO ANTES LO BAJEMOS, MENOS DEVALUADA ESTARÁ ESA MONEDA!

¡ES INÚTIL!... LOS COBARDES NUNCA HARÁN BUENOS NEGOCIOS

¡ASÍ ES LA COSA! AL FINAL SE ME CAYÓ EL DICHOSO DIENTE DE LECHE

LO QUE NO SABE EL POBRE ES QUE ADEMÁS SE LE HA CAÍDO MEDIA PERSONALIDAD

¡MANOS ARRIBA, EN NOMBRE DE LA LEY!

..¡UN DESASTRE DE LEY, ESO ES LO QUE TENEMOS!....¡QUE SI NOS DAN LA JUBILACIÓN, QUE SI NO NOS LA DAN!......¡VAYA UNA LEY!..

¡SÍ, HOMBRE, VAYA UNA PORQUERÍA DE LEY!...

PODÉS BAJARLAS; YA ME ARRUINARON EL CLIMA

526
HOLA, FELIPE;...ESTEEEE,..... DECÍME,¿HAS PENSADO YA QUÉ REGALITO VAS A HACERME PARA EL DÍA DE LA MADRE?
¿REGALITO? ¿A VOS?, ¿POR QUÉ?

BUENO,... ES ALGO DIFÍCIL DE EXPLICAR; NO SÉ SI ESTÁS PREPARADO PARA OÍRLO,... PERO YA NO PUEDO SEGUIR OCULTÁNDOLO,... TENDRÁS QUE HACERME UN REGALITO PORQUE YO,....ESTEE,...YO....
¿VOS QUÉ?

YO, HIJO MÍO,... ¡SOY TU MADRE!

SIN EMBARGO EN LOS TELETEATROS SIEMPRE DA RESULTADO

SUSANITA QUISO HACERME CREER QUE ELLA ES MI MAMÁ, ASÍ MAÑANA YO TENÍA QUE HACERLE UN REGALITO
¿Y VOS QUÉ LE DIJISTE?
527

Y,....YO TAMPOCO LE DIJE NADA

HABRÍA QUE EMPEZAR DE NUEVO, A VER SI SALE MEJOR
DE ACUERDO
533

¿A QUÉ SE JUEGA?

¡A NADA, HOMBRE!... HABLÁBAMOS DE LA HUMANIDAD

"SE OTORGÓ EL PREMIO NOBEL DE FÍSICA AL PROFESOR ALFRED KASTLER"
547

¿POR QUÉ SE LO DIERON?

"POR EL DESCUBRIMIENTO Y DESARROLLO DE MÉTODOS ÓPTICOS PARA EL ESTUDIO DE LAS RESONANCIAS HERTZIANAS EN LOS ÁTOMOS"

¡HOMBRE!... ¡ME LO SACASTE DE LA BOCA!

¡BANG!
555

¡FFFFFF!

¡PAT!
¡PAT!

PERDONÁ QUE NO ME MURIERA ANTES, PERO ES QUE EN CASA ESTÁ DESCOMPUESTO EL LAVA-RROPAS

¡ALTO AHÍ!! ¡SOY EL LLANERO SOLITARIO!
559

¡HMM!.. NO ME PARECE; EL LLANERO SOLITARIO ES MAYOR, ADEMÁS ES MOROCHO, USA BOTAS Y NO TIENE ESA CARA

¡ES QUE SOY EL LLANERO SOLITARIO PARALELO!

¡AJHAJHÁ'! ¡ALTO AHÍ! ¡SOY EL LLANERO SOLITARIO!
564

¿EL LLANERO SOLITARIO? ¡MUCHO GUSTO! MI NOMBRE ES ROCKEFELLER, A SUS ÓRDENES

SIEMPRE HAY UN SARCÁSTICO MATERIALISTA DISPUESTO A ESTROPEARNOS LA FANTASÍA
©QUINO

EN REALIDAD, LOS GRANDES HOMBRES SE HICIERON FAMOSOS POR HABER HECHO COSAS FUERA DE LO COMÚN
570

ASÍ QUE UN DÍA DE ESTOS ME PONGO A HACER ALGO FUERA DE LO COMÚN Y ¡LISTO; ME HAGO FAMOSO!...¿NO ES FANTÁSTICAMENTE SENCILLO?

©QUINO

¿ME LLEVARÁN ESTE DOMINGO A LO DE MI ABUELITO?¡LA PASO DE BIEN CON ÉL!.....

SI YO FUERA UN
AGITADOR LA
POLICÍA
ENGORDARÍÍÍÍA...

574
¡QUÉ FORMIDABLE!

UN OBSERVATORIO METEORO-LÓGICO DE INGLATERRA TIENE MÁQUINAS ELECTRÓNICAS PARA PRONOSTICAR EL ESTADO DEL TIEMPO

¡BUENO!...¡POR FIN HAN LOGRADO AUTOMATIZAR LOS PAPELONES!

...Y CUANDO EL SOL ILUMINA UNA MITAD, EN LA OTRA ES DE NOCHE. ¿ENTENDÉS AHORA CÓMO ES LA COSA?
AAAAAAH...

O SEA, QUE MIENTRAS LOS DE ESTA MITAD DEL MUNDO ESTAMOS DESPIERTOS, ¿LOS DE LA OTRA MITAD ESTÁN DURMIENDO?
CLARO
578

579

¿QUÉ PASA, MIGUELITO? ¿POR QUÉ CAMINÁS ASÍ?

¡SSSHHH!... EN LA OTRA MITAD DEL MUNDO ES DE NOCHE,... Y DUERMEN

EL POBRE AÚN NO SABE QUE EN ESTE MUNDO, UNA MITAD ES INCAPAZ DE ESCUCHAR A LA OTRA

¿QUÉ TE PASÓ EN EL DEDO, SUSANITA?
587

¡AH! ¿VOS NO TE ENTERASTE?
NO

¡SI VIERAS, FELIPE!... ¡ANTEAYER ME HICE UN TAJO QUE PARA QUÉ TE VOY A CONTAR! ¡SI SUPIERAS!... PERO NO, NO; MEJOR NO HABLAR DEL ASUNTO

SÍ, EN REALIDAD, DE ESAS COSAS ES MEJOR NO HABLAR

¡MALDICIÓN!

¿POR QUÉ LA MATASTE? ¿QUÉ MAL TE HABÍA HECHO ESA POBRE HORMIGUITA?
588

¡ES TRISTE!, PERO A CIERTOS BICHOS NO HAY MÁS REMEDIO QUE MATARLOS. Y SI VOS PENSÁS LO CONTRARIO, ¿POR QUÉ COMÉS POLLO, O PESCADO, O CARNE?...
QUINO

¡A LOS BUENOS NOS TIENEN AGARRADOS CON ESE MALDITO ARGUMENTO!

"SEGÚN ALGUNOS OBSERVADORES, LA SITUACIÓN INTERNACIONAL ES SUMAMENTE CRÍTICA"
¿AJHÁ?
591

"LAS PROBABILIDADES DE UN CONFLICTO BÉLICO GENERALIZADO AUMENTAN DÍA A DÍA"
¡MIRÁ VOS!...

"EL ARMAMENTISMO CRECE EN FORMA ALARMANTE"
¡SLURP!

PERDÓN, FELIPE; PERO MIENTRAS TOMO UN HELADO SE ME DESDIBUJA EL MUNDO. ¿VOS ME HABLABAS?
QUINO

599
¡ADIÓS, ADIÓS AÑO VIEJO! ¡YA NO VOLVEREMOS A VERTE NUNCA MÁS!

NO, FELIPE; EN VEZ DE MIRAR HACIA LO VIEJO CON PENA, ¡HAY QUE MIRAR HACIA LO NUEVO CON ALEGRÍA Y OPTIMISMO!

ASÍ, ¿VES? "¡HOLA, HOLA, AÑO NUEVO! ¡QUÉ ALEGRÓN TENERTE CON NOSOTROS!"

¡Y A VER SI EN JULIO PODEMOS DECIR LO MISMO, ¿ESTAMOS?

¿Y SUBE COMO LOS COHETES DE VERDAD?
¡CLARO!
¿A VER? ¡DALE!
607

¡TIC!
NASA

NASA

ESTÁ MUY BIEN, MIGUELITO, TAMPOCO ES CUESTIÓN DE QUE VAYA Y LE SAQUE UN OJO A ALGÚN ÁNGEL
NAS

¡GRAN TIPO, ESTE FELIPE!
NA

¡ESTÚPIDA!
611

¿QUÉ FUE?
¡UNA HORMIGA! ¡ME DA UNA RABIA CUANDO ME PICA UN BICHO DE ESTOS!...

SÍ, ES MUY MOLESTO. A MÍ ANOCHE ME PICÓ UN MOSQUITO

¡NO VAS A COMPARAR!... ¡EL MOSQUITO PICA PARA GANARSE EL PAN!

VEAMOS, LA 9 VERTICAL DICE: "SE TRASLADAN DESDE AQUÍ HACIA ALLÁ"
614

¡YA LA TENGO, FELIPE!
TRES LETRAS, ¿EH?

AH....

NO; ENTONCES "TÉCNICOS NACIONALES" ES MUY LARGA

¿MMMH?
¡NO, NO! ¡A MÍ DÉJAME DE BOWLING!.... ¡O HACEMOS EL CRUCIGRAMA, O ME VOY A MI CASA!
616

¡BUÉH!...¡HAGAMOS EL CRUCIGRAMA! ¡DALE!

HORIZONTALES 1-"LABRAN LA TIERRA CON EL ARADO"

¡POBRES!...¿Y PARA QUÉ? ¡PARA QUE SE ENRIQUEZCA EL INTERMEDIARIO! ¡ESA ES LA TRISTE VIDA DEL HOMBRE DE CAMPO!

¿QUIÉN TE ENTIENDE, FELIPE?
¡YO!

"GRANDES ONDAS QUE SE PRODUCEN EN LA SUPERFICIE DEL MAR"
OLAS
620

OLAS. ¡MUY BIEN!...ESTE CRUCIGRAMA PROMETE. VEAMOS LA SIGUIENTE...

"HIJO DE SATURNO Y HERMANO DE JÚPITER, CASADO CON PROSERPINA"

EL HIJO DE LA DEL 4º D SE CASÓ CON LA NOVIA DEL HERMANO Y HAY QUE VER LA QUE SE ARMÓ

¡NUNCA EL LLANERO SE SINTIÓ MÁS SOLITARIO!
?

HAY UNA PALABRA DE ESTE CRUCIGRAMA QUE NO ME SALE, MANOLITO. ¿VOS NO SABRÍAS CUÁL ES EL SÍMBOLO QUÍMICO DEL URANIO?

ESPERÁ,.... DEL URANIO..... A VER.....
DEL URANIO....
DEL URANIO.....
DEL URANIO....

¿PUM?

FELIPE ME HA ENTUSIAS-MADO CON ESTO DE LAS PALABRAS CRUZADAS. ¿ME AYUDAN EN MI PRIMERA EXPERIENCIA?
POR SUPUESTO
624

BUENO, PRIMERO LAS HORIZONTALES. A VER...

1. SERES FABULOSOS QUE S
¿FABULOSOS? ¡LOS BEATLES!

?

¿CÓMO ANDA EL ALMACÉN DE TU PAPÁ, MANOLITO?
¡EH!... ¡TIRANDO!... HAY MUCHA GENTE DE VACACIONES Y POCA VENTA
631

¿Y POR QUÉ NO CIERRAN POR UNOS DÍAS Y SE VAN UDS. TAMBIÉN DE VERANEO? ¿NO SE TE OCURRIÓ PROPONÉRSELO A TU PAPÁ?

AH

635

MAFALDA TIENE RAZÓN;
ESTE PLANETA EN QUE
VIVIMOS.....¡DESTIÑE!

LO MALO DE ANDAR
SIEMPRE CON LAS ORE-
JAS PUESTAS ES QUE
UNO SE EXPONE A
OÍR COSAS COMO ESTA

¿ASÍ QUE MAÑANA SALÍS
DE VERANEO PARA LOS
LAGOS DEL SUR?¡QUÉ
BUENO!
SÍ, MI MAMÁ
FUE ALLÁ CUANDO
SE CASÓ Y DICE
QUE ES MUY
LINDO
646

¡¡ES QUE CUANDO
UNO SE CASA,
DEBE SER TODO
TAN HERMOSO!!...
¿¡EHÉÉÉ, FELIPE?!

¡¡NOOOOOOOOO
¡TUMP!

¡JAH!...
¡ESTE FELIPE!...
ESTUVO GRACIOSO,
¿NO? ¡EL MUY
BOBO NO SE DIO
CUENTA QUE LO
DIJE EN BROMA!

NO ES POSIBLE QUE PORQUE EL LUNES EMPEZAMOS A IR A LA ESCUELA ESTEMOS TAN ALICAÍDOS, FELIPE

HAY QUE SOBREPONERSE Y COMPRENDER QUE, DESPUÉS DE TODO, VAMOS POR NUESTRO BIEN. ¡SÍ, SEÑOR!

¡SI YA LO SÉ!...¡SI A MÍ LO QUE ME AMARGA NO ES IR DURANTE EL AÑO ENTERO A LA ESCUELA,... NI EL ESTUDIO, NI LA MAESTRA, NI LOS DEBERES, NI NADA DE ESO!

¡SINO TODOS ESOS MALDITOS DÍAS DE CLASE!

BUEEEENO,.... DOS DÍAS MÁS Y.... ¡A CLASE!

¿QUÉ SENTIRÁ UN PARACAIDISTA DOS METROS ANTES DE LLEGAR AL SUELO CON EL PARACAÍDAS CERRADO?

670
VIMOS QUE TE TOCÓ UNA MAESTRA JOVEN, FELIPE. ¿QUÉ TAL ES?
¿MMMHH?

701
¡TU MAESTRA! ¿QUÉ TAL ES TU MAESTRA?

¡MMMMMMMHHH!

¡LO QUE NOS FALTABA! ¡¡QUE ESTE ESTÚPIDO SE PASE AL SECTOR PATRONAL!!

¡JÁH!..¡ASÍ QUE TE HAS ENAMORADO DE TU MAESTRA, ¿EH?¡PUES YO ME RÍO!¿VES? ¡JÁH!¡JÁH!
672

¡SOS UN PAPANATAS Y TE ODIO!

¡MCHUiiiK!

¡ESTÚPIDO!
¡SÑÍG!

LOS OTROS DÍAS LEÍ EN EL DIARIO CÓMO FUNCIONA LA CAJA DE CAMBIOS DEL "FORD-LOTUS" Y TAMPOCO ENTENDÍ UN PITO

PARECE QUE ESTE AÑO VIENE MEDIO MEZCLADA LA COSA
¿SE PODRÁ MIRAR CÓMO ANDA LA COSA? ¿O TODAVÍA MEJOR NO?

684
TENGO UNA ADIVINANZA
VEAMOS

"UNA SEÑOR
¡LA LUNA!

¡VOS LA SABÍAS, PERO ELLA NO! ¿NO PODÍAS CALLARTE?

¿PARA QUÉ? TARDE O TEMPRANO, ALGUIEN LE HUBIERA VENIDO CON EL CHISME

¡ESE CASCO LLENO DE AGUJEROS NO SIRVE; DEJA ENTRAR TODAS LAS BALAS!
687

PERO DEJA SALIR TODAS LAS IDEAS

¿LEYERON LOS DIARIOS? ¡UN SATÉLITE RUSO QUE ESTABA EN ÓRBITA DESAPARECIÓ MISTERIOSAMENTE!
¿MISTERIOSAMENTE?
694

SÍ,....LOS SABIOS DICEN QUE ES POCO PROBABLE QUE SE HAYA DESINTEGRADO EN LA ATMÓSFERA Y QUÉ SÉ YO; LA CUESTIÓN ES QUE NADIE SABE DÓNDE ESTÁ!

NO QUIERO ECHARTE, FELIPE, PERO SON LAS CUATRO Y MEDIA, ¿NO TENDRÍAS QUE IRTE A TU CASA A HACER LOS DEBERES?
HAY TIEMPO
698

SEIS MENOS DIEZ, FELIPE,..... TUS DEBERES
ENSEGUIDA VOY Y LOS HAGO EN DOS PATADAS

¡PERO FELIPE! ¡MIRÁ QUE SON LAS SIETE Y VEINTE!
¡NO! ¿YA?

¡PERO CÓMO!...¡LAS CUENTAS!...¡SUJETO Y PREDICADO!...¡EL MAPA!...¡¿Y AHORA CÓMO HAGO?!

ENTERNECE VERLO CON TODA ESA IDIOSINCRASIA NACIONAL

704
¿QUÉ VAS A HACER, MAFALDA?
JUGAR A LA LIBERTAD

¿A LA LIBERTAD? ¿Y CÓMO?
PUES ASÍ...

...CON UNA LAMPARITA QUEMADA EN LA DERECHA...

...Y UN LIBRO DE CUENTOS EN LA IZQUIERDA

706
¿Y A ESTA QUÉ LE PASA?

DICE QUE ES LA LIBERTAD ILUMINANDO AL MUNDO

¿ILUMINANDO AL MUNDO? ¡PERO SI ESA LAMPARITA ESTÁ QUEMADA!...

¡CLARO!... ¡LA MALDITA TENSIÓN MUNDIAL!...

¡QUÉ MUNDO ESTE!.... NOSOTROS COMEMOS TURRÓN MIENTRAS OTROS NO TIENEN QUÉ LLEVARSE A LA BOCA

¡VOS SIEMPRE IGUAL!

¡IGUAL NO; ¡AYER ERA MÁS JOVEN!

AQUÍ DICE QUE UN CONFLICTO NUCLEAR PODRÍA PROVOCAR LA MUERTE DE UNOS 700 MILLONES DE PERSONAS

¿700 MILLONES DE PERSONAS TODAS JUNTAS MUERTAS AL MISMO TIEMPO?
ASÍ PARECE

¡QUÉ ASCO!;¡EN SEMEJANTE PROMISCUIDAD, QUIÉN SABE QUÉ GENTUZA LE TOCA A UNO COMO COMPAÑERA DE MASACRE!

¡QUÉ RARO, MAFALDA! ¿VOS JUGANDO A LA MAMÁ?
BUENO, PUES... SÍ

DE VEZ EN CUANDO CONVIENE SACAR A PASEAR UN POCO EL INSTINTO

EN LUGAR DE HACER LOS DEBERES ME PASO EL DÍA LEYENDO HISTORIETAS.... ¡ESTO NO PUEDE SER!

¡NO ES POSIBLE QUE NO TENGA VOLUNTAD, NO SEÑOR!

¿QUÉ SOY AL FIN: UN HOMBRE O UN RATÓN?

¡UN SAFARI! ¡ESO SÍ QUE ME GUSTARÍA!
758

¡YA ME VEO FRENTE A UNA BESTIA ENFURECIDA! ¿QUÉ HARÍA YO, FELIPE, FRENTE A UNA BESTIA ENFURECIDA?

¡QUÉ SÉ YO QUÉ HARÍA!..... LA COBARDÍA TIENE TANTOS MATICES......

TENGO UN CUENTO GRACIOSÍSIMO: RESULTA QUE HAY UN TIPO ESCUCHANDO UN DISCO,....
763

¡JÁ-JÁ-JÁ! ¡UN DISCO!...¡ES BUENÍSIMO! ¡JÁ-JÁ!
¡NO HE TERMINADO, SUSANITA!!

AH
Y VIENE OTRO Y LE DICE: "¡PERO HOMBRE! ¿CÓMO ESCUCHA ESE DISCO, NO OYE QUE ESTÁ RAYADO?"

ENTONCES EL TIPO CONTESTA:-"¿Y A USTED QUÉ LE IMPORTA,.... ...TED QUÉ LE IMPORTA, ...TED QUÉ LE IMPORTA,.. ...TED QUÉ LE IMPORTA,..
JI-JI
¡JÁ-JÁ! ¡JÁ JA!

DALE, ¿Y ENTONCES?....

LA COMPUTADORA ZK-2-09 ACABA DE CONCLUIR LAS CUENTAS
CORRECTO, ENVÍALAS POR RAYO LÁSER A LA ESCUELA

BUENO, AHORA MISMO VOY A HACER LOS DEBERES
¡ESO ES!

SIR WILLIAM SHAKESPEARE OS TIENE LISTA LA COMPOSICIÓN SOBRE LA VACA, SIRE
O.K., RECOMPENSADLO CON ESTOS PENIQUES

¡YA MISMÍSIMO ME LEVANTO Y ME VOY A HACER LOS DEBERES!
¡SÍ SEÑOR!

¡HE PERDIDO 32 HOMBRES Y UNA PIERNA, HERR MARISCAL, PERO LOGRÉ ARREBATAR AL ENEMIGO EL MAPA CON LOS PRINCIPALES RÍOS DE EUROPA!
GRACIAS, SCHULZ, PUEDE IRSE A TOMAR UNA BIECKERT, NO MÁS

¡QUÉ BARBARIDAD, DIOS MÍO!...¡QUÉ BARBARIDAD!!

¡AQUÍ DICE QUE LA AMETRALLADORA FUE INVENTADA EN 1861 Y LA MÁQUINA DE ESCRIBIR EN 1868! ¿TE DAS CUENTA?

SE INVENTÓ CÓMO MATAR RÁPIDO, ANTES QUE CÓMO ESCRIBIR RÁPIDO. ¡ES DEPRIMENTE!

DEPRIMENTE DEPRIMENTE DEPRIMENTE DEPRIMENTE

EL POBRE AÚN NO SE ACOSTUMBRA A QUE ESTE MUNDO ES ESTE MUNDO

¿QUÉ TE PARECE ESTA FRASE, FELIPE?: "CONÓCETE A TI MISMO"
791

¡ME PARECE EXCELENTE! ¡ES MÁS, DE HOY EN ADELANTE COMENZARÉ A PONERLA EN PRÁCTICA! ¡SÍ, SEÑOR!

¡¡NO VOY A PARAR HASTA LLEGAR A CONOCERME A MÍ MISMO Y SABER CÓMO SOY YO REALMENTE!!

¡DIOS MÍO!... ¿Y SI NO ME GUSTO?

¿POR QUÉ TANTAS MEDICIONES, FELIPE?
PORQUE QUIERO QUE ESTE AVIÓN ME SALGA BIEN
794

YO LO QUE QUIERO QUE ME SALGA BIEN ES LA VIDA

OJEANDO EL DICCIONARIO UNO APRENDE SIEMPRE COSAS NUEVAS
799

AYER, POR EJEMPLO, ENCONTRÉ QUE "PORTANTILLO" ES EL PASO CORTO Y RÁPIDO DEL BURRO Y OTROS ANIMALES

BUENO, ¿QUÉ DIABLOS LES PASA?

¿LES HABLÉ ALGUNA VEZ DE TODOS LOS HIJITOS QUE PIENSO TENER CUANDO SEA UNA SEÑORA?
802

¡NOS HABLASTE DIEZMIL VECES!

O SEA, QUE YA TENEMOS BIEN MASTICADO EL TEMA COMO PARA UNA MESA REDONDA

HOY ME SIENTO INSPIRADO Y OCURRENTE, MAFALDA
¿POR QUÉ, FELIPE?
806

PORQUE CELÉBRASE EN LA FECHA EL DÍA DEL NIÑO. TAN SIMPÁTICA CELEBRACIÓN CUENTA CON EL APOYO DE INNUMERABLES ENTIDADES QUE HANSE UNIDO PARA OTORGAR UN MAYOR BRILLO A LOS ACTOS CON QUE LA NIÑEZ TODA FESTEJA HOY SU DÍA

¡ANDÁ,..."INSPIRADO Y OCURRENTE"!... TODO ESE PALABRERÍO LO SACASTE DEL DIARIO

¡ESA MALDITA INTUICIÓN FEMENINA PARA DARSE CUENTA DE LAS COSAS!...

CADA DOS POR TRES EL PAPA ADVIERTE QUE HAY PELIGRO DE GUERRA MUNDIAL, PERO NADIE LE LLEVA EL APUNTE. FRANCAMENTE, NO ENTIENDO A LA GENTE
809

ES QUE LA GENTE YA ESTÁ ACOSTUMBRADA A VIVIR ENTRE FRASES DEL PAPA, AMENAZAS DE GUERRA Y TODO ESO, MAFALDA. EL HOMBRE ES UN ANIMAL DE COSTUMBRES

¿Y NO SERÁ QUE, DE COSTUMBRE, EL HOMBRE ES UN ANIMAL?

¡LO QUE PASA ES QUE SOS UNA AMARGADA! ¿POR QUÉ NO HACÉS COMO YO? ¿TENÉS NECESIDAD DE TOMAR TODO A LA TREMENDA?
812

¿TENÉS QUE ANDAR SIEMPRE HACIÉNDOTE MALASANGRE POR LOS LÍOS QUE HAY EN EL MUNDO?

¿TENÉS QUE PESCARTE UN DOLOR DE CABEZA CADA VEZ QUE SE HABLA DE CHINA Y VIETNAM Y EL CONGO Y LA BOMBA?

¿TENÉS UNA ASPIRINA?
©QUINO

ALLÍ ESTÁ MANOLITO, ¿LE HABRÁN DICHO YA QUE MAFALDA VA A TENER UN HERMANITO?
822

HOLA, MANOLITO, ¿SABÉS LA GRAN NOTICIA?
ALMACEN "DON MANO
ALMACEN "DON MANOLO"
¡JHA'!... ¡PUES CLARO!

ES LA NOTICIA MÁS LINDA QUE ME HA LLEGADO JAMÁS. ¡ESTOY DE CONTENTO!...
Y MAFALDA MUCHO MÁS

¿POR QUÉ? ¿QUÉ PUEDE IMPORTARLE A ELLA QUE EL ALMACÉN DE LA OTRA CUADRA HAYA CERRADO POR QUIEBRA?
©QUINO

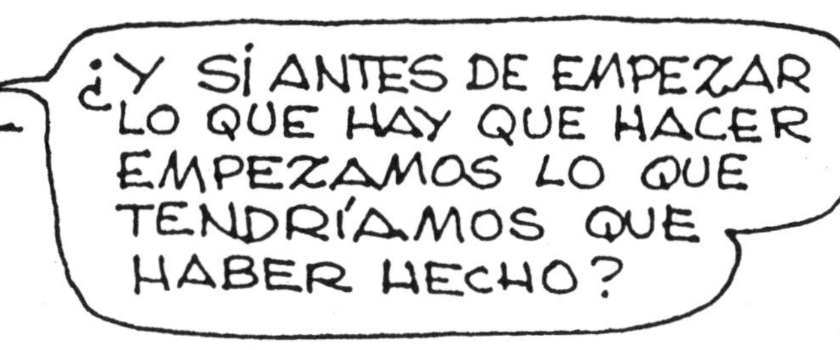
¿Y SI ANTES DE EMPEZAR
LO QUE HAY QUE HACER
EMPEZAMOS LO QUE
TENDRÍAMOS QUE
HABER HECHO?

SUS MEJORES MOMENTOS....
832

ACOMPÁÑELOS CON WHISKY "BLACK-GROG"
¡PSSH!

¡MIRÁ SI CADA VEZ QUE UNO SALE DE LA ESCUELA VA A TOMARSE UN WHISKY!...
QUINO

838
¡ESTO SÍ QUE ES EXTRAORDINARIO! ESCUCHEN

"MEDIANTE UN DIMINUTO Y DELICADO SISTEMA DE TELEVISIÓN, QUE SE INTRODUCE DENTRO DEL PACIENTE, LOS MÉDICOS PUEDEN PERCIBIR IMÁGENES NOTABLEMENTE FIELES DEL INTERIOR DEL CUERPO HUMANO"
QUINO

¡DIOS MÍO!...¡Y YO SIN UN POQUITO DE MAQUILLAJE POR DENTRO!

¡TUP!
¡QUÉ!... ¿LES HA DADO POR HACERSE LOS SIMBÓLICOS?

"Y ESTAS FUERON LAS NOTICIAS DE LA ACTUALIDAD MUNDIAL"

HOLA, MAFALDA. ¿CÓMO VAN LAS COSAS?

LAS COSAS NO VAN: VIENEN

FARMACIA

BUEN DÍA, SEÑOR, ¿PODRÍA DECIRME SI SALIÓ YA ALGUNA VACUNA CONTRA LA MALASANGRE?

¡CUÁNTAS LAGUNAS LE QUEDAN POR LLENAR A LA CIENCIA, FELIPE, CUÁNTAS LAGUNAS!...

BUENO, SERÁ MEJOR QUE VAYA A HACER LOS DEBERES
855

¡BROOM!

¡MALDICIÓN!

¡YA ESTÁ! JUGUEMOS A QUE ÉRAMOS DOS COWBOYS, ¿NO? Y QUE ENTONCES UNOS COMANCHES NOS PERSEGUÍAN A FLECHAZOS, ¿EHÉ?
858

Y QUE ENTONCES NOS METÍAMOS POR UN DESFILADERO SECRETO Y DESDE ALLÍ ARRIBA, ¡BANG! ¡BANG! ¡BANG! ¡BANG!..., ¡LOS LIQUIDÁBAMOS A TODOS!

¡VAMOS!
¡¡¡UUUUUJUUUUU!!

SUS LIBRETOS NO SON MALOS, PERO LES FALTA MENSAJE...
©QUINO

860

¡BUENO!
NO DEJES PARA MAÑANA LO QUE PUEDAS HACER HOY
©QUINO

¡DESDE MAÑANA MISMO EMPIEZ
MAÑ
LO Q
HACE

MIRÁ, FELIPE, AQUÍ, EN ESTA SIMPLE HOJA DE DIARIO, ESTÁN IMPRESAS LAS DOS CARAS OPUESTAS DE LA VIDA
867

DE UN LADO, ESTE MÉDICO QUE TRABAJA EN BIEN DE LA HUMANIDAD,....
EL Dr. Ricardo P. Deis, afamado investigador científico se encuentra abocado al estudio

..DEL OTRO, ESTE DELINCUENTE, ¡QUÉ TE PARECE!...

QUE LA VIDA DEBIERA VENIR IMPRESA DE UN SOLO LADO

¡AHÍ ESTÁ!...PODRÍA EMPEZAR MI COMPOSICIÓN SOBRE EL DESCUBRIMIENTO DE AMÉRICA DICIENDO: "COLÓN ERA UN MARINO MUY VALIENTE..."
869

¡PIRATAS A ESTRIBOR, SR. ALMIRANTE!
¡FANTÁSTICO! ¡PREPARAOS A ENTRAR EN COMBATE!

¡NO, NO, DEBO PENSAR EN SERIO!... ...A VER,........ "CUANDO EL GRAN NAVEGANTE GENOVÉS LLEGÓ A AMÉRICA....."

¡OEA! ¡OEA!
¡MÁH!...¿CHI TI CAPISCE? ¡PARLA IN CRISTIANO, PORCA MISERIA!

¡QUÉ BARBARIDAD!... SERÁ MEJOR QUE ESCRIBA MÁS O MENOS LO QUE DICE EL LIBRO

NO ESTÁ MAL, FELIPE, PERO DEBES PONER MÁS IMAGINACIÓN AL PENSAR TUS COMPOSICIONES

DECIME, FELIPE: LOS CARA-MELOS, LOS DIBUJOS ANI-MADOS, EL PAN CON MANTE-CA, LOS JUGUETES...
872

... LAS REVISTAS DE HISTO-RIETAS, EL CIRCO, LAS MASI-TAS, EL TOBOGÁN, LOS LÁPICES DE COLORES, EL CHICLE Y TODAS ESAS COSAS...

... ¿EXISTÍAN ANTES DE NACER NOSOTROS?
¡PUES CLARO!

¡QUÉ DESPERDICIO!

....Y AHORA NUESTRO PROGRAMA EDUCATIVO: "LA VIDA EN LA JUNGLA"
877

¡CLIT!

¡NO HACE DOS MINUTOS YA NOS ENCHUFARON EL NOTICIOSO!

NOS ESTAMOS LIQUIDANDO TODAS LAS GALLETITAS, FELIPE, ¿OTRA?
¡Y BUENO, TOTAL!.....

880

?

¿Y EL COLESTEROL?

INDIA

REARME MUNDIA

¡ES UNA BARBARIDAD! ¡HAY HAMBRE EN EL MUNDO Y SE GASTAN FORTUNAS EN FABRICAR ARMAMENTOS! ¡YO NO ENTIENDO!
882

ES QUE NO ES UNA BARBARIDAD, FELIPE; SON DOS BARBARIDADES MEZCLADAS

ME PREOCUPAN LOS EXÁMENES FINALES
¡VAMOS, MANOLITO! VAS A VER QUE TODO SALE BIEN
888

..Y QUE LOS EXÁMENES NO SON TAN TERRIBLES...

....Y QUE AL FINAL RESULTAN MÁS FÁCILES DE LO QUE VOS CREÍAS

HOLA, ¿DE QUÉ HABLAN?

¡¡DE LA QUE NOS ESPERA!!

AYER LE PEDÍ A MI PAPÁ QUE ME EXPLICARA QUÉ ES LA FILOSOFÍA
901

¿Y?

¿EHÉÉ?

AH

¡SEÑORA, COMPRE UN "WASHEX", EL NUEVO LAVARROPAS AUTOMÁTICO!...
904

¡TAN SENCILLO QUE HASTA UN NIÑO PUEDE MANEJARLO!

¿Y PARA INSINUAR QUE HASTA LAS SEÑORAS TORPES PUEDEN MANEJARLO TIENEN QUE USARNOS A NOSOTROS?
©QUINO

¡¡POR FIN!!.....¡POR FIN SE TERMINARON LAS CLASES!
917

¡POR FIN SE ACABARON LAS ANGUSTIAS DE ESTUDIAR LECCIONES Y HACER DEBERES!

¡DIOS MÍO! ¿Y AHORA QUÉ HAREMOS CON TODA ESTA LIBERTAD POR DELANTE?
©QUINO

AYER LEÍ ALGO QUE SI TODOS LO PUSIÉRAMOS EN PRÁCTICA EL MUNDO ANDARÍA MUCHO MEJOR:
926

"HAZ BIEN SIN MIRAR A QUIÉN"

930

FELIPE, ¿PODRÍAS IR A COMPRAR LA LECHE?

LO SIENTO, MAMÁ, NO TENGO TIEMPO

SIN EMBARGO A LA GENTE GRANDE ESA MENTIRA SE LA RESPETAN

BIEN, JUGUEMOS A QUE HABÍA DOS BANDOS: UNO BUENO Y OTRO MALO, ¿EH?
946

¡YO SOY DEL BANDO BUENO!

¡AH, NO! ¡SER TODOS BUENOS NO, PORQUE ASÍ NO LLEGAMOS A NADA!

¡A VECES SUSANITA SE VIENE CON CADA COSA!
¿POR QUÉ? ¿QUÉ TE DIJO?
952

QUE CUANDO LEE EN LAS NOTICIAS POLICIALES LAS BARBARIDADES QUE HACEN OTROS, HAY QUE VER LO BUENA QUE SE SIENTE ELLA

¡SOLO A UN ZANAHORIA PUEDE OCURRÍRSELE PENSAR ESA ESTUPID......

DESDE HOY SERÉ UN FELIPE DECIDIDO, LA DUDA AHORA ES QUE NO SÉ SI OPTAR POR LA AUDACIA ARROLLADORA O POR LA DETERMINACIÓN TAJANTE

DIBUJÉ UN CHISTE BUENÍSIMO QUE SE ME OCURRIÓ HOY, MIRÁ
95G

EN CASO DE GUERRA ROMPA EL VIDRIO

NO ENTIENDO...¿QUÉ TIENE QUE VER LA CUCHARITA?
¡ES PARA RECOGER LO QUE QUEDE DEL MUNDO Y LA HUMANIDAD!¿NO ES GRACIOSÍSIMO?

YO NO SÉ QUÉ HA HECHO LA GENTE CON SU SENTIDO DEL HUMOR

LO LINDO DE UN AÑO NUEVO ES QUE VIENE TODO LLENO DE DÍAS SIN ESTRENAR
962

ES COMO EMPEZAR A ESCRIBIR EN UN BLOCK CON TODAS SUS HOJAS LISITAS Y EN BLANCO, ¿NO?

SÍ, LA ÚNICA PENA ES QUE HAYA TANTOS CODOS ROZANDO EL TINTERO

A VECES NO ES LINDO SER CHICO, CLARO, PERO LO BUENO ES TENER TODA LA VIDA POR DELANTE, ¿TE DAS CUENTA?...¡A UNO LE ESPERA TODO!

ESTUDIAR, RECIBIRSE, TRABAJAR, CASARSE, TENER HIJOS, PROGRESAR....

LLEGAR A SER UN SEÑOR MADURO, LUEGO TENER NIETOS....Y EN FIN, ¡TODO LO DEMÁS!

¡NO!...¡AL ASILO NO!

TU MAMÁ TIENE RAZÓN; DEBERÍAS DEDICARTE UN POCO MÁS A COSAS DE TU EDAD, ¿VAMOS A JUGAR AL BOWLING, EH? ¿O AL "METEGOL"!
NO, DEJÁ, A ESOS JUEGOS NO...

PROC!
UM

¡CLANG!
¡CLANG!
¡CLANG!

TROC!
TROC!
TROC!

ESTOS SON MÁS PAVOTES, PERO TIENEN LA SIMPLICIDAD DE LOS CLÁSICOS

HOLA, FELIPE, ¿QUÉ TE OCURRE?
NADA, QUE EN VEZ DE HACER LOS DEBERES ME PASÉ EL TIEMPO LEYENDO HISTORIETAS

Y LO PEOR ES QUE NO DISFRUTÉ LAS HISTORIETAS SABIENDO QUE TENGO QUE HACER LOS DEBERES
998

Y RESULTA QUE AHORA ME ENTRA LA ANGUSTIA PORQUE TODAVÍA NO LOS HICE
¿Y POR QUÉ NO VAS Y LOS HACÉS DE UNA VEZ?

ENSEGUIDA, ENSEGUIDA; YA QUE NO DISFRUTÉ LAS HISTORIETAS DEJAME AL MENOS DISFRUTAR MI ANGUSTIA

CUANDO NO SON LOS DEBERES ES OTRA COSA, LA CUESTIÓN ES QUE FELIPE SIEMPRE BUSCA MOTIVOS PARA ANGUSTIARSE

BUENO, YO DIGO ESO DE FELIPE, PERO ME PARECE QUE QUIEN MÁS QUIEN MENOS TODOS SOMOS UN POCO COMO ÉL

PORQUE, FRANCAMENTE, SI PARA SABER MANEJARSE A UNO MISMO HUBIERA QUE RENDIR EXAMEN...
999

¿QUIÉN ES EL MACHITO QUE TENDRÍA EL CARNET?

¡AH, NO! ¡A MÍ EN TU PESIMISMO NO ME ENGANCHÁS!

¡YO SOY UN CONVENCIDO DE QUE EL MUNDO SE ARREGLARÁ!
¿CUÁNDO?

¡EL DÍA QUE DESAPAREZCAN LOS QUE LO MANEJAN MAL!

¡PERDÉ CUIDADO, FELIPE! ¡ESE MISMO DÍA YA APARECERÁ ALGUIEN DISPUESTO A RECOGER LA ANTORCHA DE LA BESTIALIDAD!

¿TE IMAGINÁS A UNA MUJER PRESIDENTE DE LA NACIÓN, FELIPE?
¡DIOS NOS LIBRE!

¡MIRÁ, PARA QUE SEPAS, LAS MUJERES SOMOS MÁS INTELIGENTES QUE LOS HOMBRES! ¿OÍS?

¡Y MÁS BUENAS Y NOBLES! ¿SABÉS?

¡Y MÁS DULCES Y TIERNAS! ¿ENTENDÉS?

¡DESPUÉS DICEN QUE LAS MUJERES SON DIFÍCILES DE ENTENDER!

¿TE COMENTÉ QUE MI HERMANITO YA GATEA, FELIPE?

CADA DOS POR TRES MI MAESTRA NOS HABLA DE CUÁNTO LES DEBEMOS A LOS ÁRBOLES

SOMBRA EN VERANO, LEÑA EN INVIERNO, MADERA PARA CONSTRUIR CASAS, BARCOS, MUEBLES Y UN MONTÓN DE COSAS MÁS

POR ESO NOS DICE SIEMPRE QUE TODO EL MUNDO DEBE CUIDAR Y RESPETAR A LOS ÁRBOLES

¿Y QUE NUNCA FALTA UN REVISIONISTA, NO SE LO DIJO?

¿VISTE EN TV ESE AVISO DE UN NUEVO JUEGO PARA ARMAR?
¿CUÁL?
1033

ESE QUE DICE...
¡CHICOS!...¡YA ESTÁ AQUÍ LA FELICIDAD PARA TODOS!

¡AH, SÍ!

BUENO, MIRÁ LA FELICIDAD QUE LE VENDEN A UNO POR TELEVISIÓN

¡QUIÉN IBA A PENSAR QUE ESTE JUEGO PARA ARMAR ERA UNA IDIOTEZ?¡EN EL AVISO POR TV PARECÍA TAN LINDO!...
YA LO DICE EL REFRÁN, FELIPE

"NO ES ORO TODO LO QUE RELUCE"

1034

¡LO ÚNICO QUE NOS FALTA AHORA ES QUE EL SOL SEA UNA BARATIJA!

¡JAMÁS LO PENSÉ!...
¡¡JAMÁS!!

¡JAMÁS PENSÉ QUE YO FUERA CAPAZ DE HACERLE A ALGUIEN UNA PORQUERÍA COMO ESTA, FELIPE! ¡TE LO JURO!

¡YA NO SE PUEDE NI CONFIAR EN UNO MISMO! ¡QUÉ ÉPOCA, DIOS MÍO! ¡¡QUÉ ÉPOCA!!

¿SABÉS QUE GUILLE YA SE PARA SOLITO?
¿SÍ?

¿SIN AGARRARSE DE NADA?

¡BONK!

VOY A VER TU PORVENIR, FELIPE. SACÁ UNA CARTA

AHORA DATE VUELTA Y FROTALA EN TU NARIZ DICIENDO "CONJURO, CONJURO, TE TRASPLANTO MI FUTURO"

"CONJURO, CONJURO, TE TRASPLANTO MI FUTURO"

AHORA DÁMELA REPITIENDO "UKA-UKA"
"UKA-UKA"

BIEN, VEO QUE TU PORVENIR ES EL DE UN ESTÚPIDO DISPUESTO A HACER CUALQUIER IDIOTEZ QUE LE PIDAN

DURANTE MIS VACACIONES NO LEÍ CASI NINGUNA REVISTA DE ACTUALIDAD, ASÍ QUE ME ESTOY PONIÉNDO UN POCO AL DÍA

Y ENCONTRÉ AQUÍ UNA FRASE, FELIPE..... ¡QUÉ FRASE!
¿QUÉ FRASE?

"ES MÁS DIGNO MORIR DE PIE QUE VIVIR DE RODILLAS"

Y DIGO YO..... ¿SERÁ MUY DESHONROSO SUBSISTIR SENTADOS?

135

SI NO TENÉS OTROS PLANES, VAMOS A LA PLAZA A JUGAR A LOS BALAZOS, ¿EH?

PENSABA QUEDARME VIENDO "EL MARAVILLOSO MUNDO QUE NOS RODEA"
EL MARAVILLOSO MUNDO QUE NOS RODEA

PERO ¡SEA! VAMOS A ENFRASCARNOS CON LA REALIDAD

¡YO HACER DE POLICÍA SÍ, PERO DE BANDIDO NO! ¡ESO SÍ QUE NO!

DEJÉMOSLO SER POLICÍA, POBRE MIGUELITO, ¡SI ES UN TIERNO!... ¿CÓMO VA A HACER DE DELINCUENTE?

¡ADEMÁS QUE TRAJE UN ALFILER PARA LAS TORTURAS Y TODO!

ANOCHE VI POR TV UNA PELÍCULA SENSACIONAL; ERA EN LA GUERRA Y RESULTA QUE EL MUCHACHO LUCHABA
¿EN QUÉ GUERRA?

EN LA ÚLTIMA, Y RESULTA QUE EL MUCHACHO LUCHABA
¿EN LA ÚLTIMA CON QUIÉNES?

CON LOS JAPONESES; Y RESULTA QUE EL MUCHACHO LUCHABA
¡ANDÁ! ¡ESA NO ES LA ÚLTIMA!

¿ENTONCES PARA QUÉ CUERNOS LUCHABA EL MUCHACHO?

FELIPE, ¿VISTE ANOCHE POR TV LA PELÍCULA DE GUERRA CON LOS CHINOS?

NO ERAN CHINOS, ERAN JAPONESES

¿NO LEÉS LOS DIARIOS? MIRÁ QUE LOS QUE YO DIGO ERAN MALOS Y LOS MALOS SON LOS CHINOS, ¿EH?
¡ESTOS ERAN JAPONESES!

PERO MIRÁ QUE LOS QUE YO DIGO AL PRIMERO QUE VEÍAN LE ENCAJABAN UN BALAZO Y NO UN GRABADOR, ¿EEHÉ?

¡AH, EL PARTENÓN! LEÍ POR AHÍ POR QUÉ ESTÁ TAN ROTO
¿POR QUÉ?

PORQUE NO SÉ EN QUÉ SIGLO LOS TURCOS LO UTILIZARON COMO POLVORÍN DURANTE UNA GUERRA

HASTA QUE UN CAÑONAZO ENEMIGO....
¡BOOM!

1095

¡MODERNOS, LOS ANTIGUOS! ¿EH?

¡MÚF!...¡MALDITO TRABAJO! ¡VOY A DESCANSAR UN POCO AQUÍ!

VENÍ A VER, FELIPE, ¡POBRES HORMIGAS!....SE DESLOMAN DALE QUE DALE TRABAJANDO TODA SU VIDA,¿Y TOTAL PARA QUÉ? PARA TENER HIJOS-HORMIGAS QUE A SU VEZ SE DESLOMARÁN DALE QUE DALE TRABAJANDO..
1106

TODA SU VI....
¡SFÑÍG!

¡MIRÁ QUE HAY GENTE RARA! ¿EH?

PARECE QUE
HAY CAMBIOS
¿MÁS?

¿VOS CREÉS QUE LAS HORMIGAS SE SIENTEN LIBRES?
¡MMH!...VIÉNDOLAS MARCHAR A TODAS ASÍ EN FILA Y SIN CHISTAR SE DIRÍA QUE NO TIENEN MUCHA LIBERTAD

SIN EMBARGO NO PARECEN MUY DESCONFORMES
NO, ES CIERTO

SE VE QUE TIENEN CEREBRO DE HORMIGA, NO MÁS

¡MIRÁ QUÉ FOTO DE LA LUNA VOY A PONER EN MI PIEZA!
¡QUÉ FANTÁSTICA!

¡MIRÁ QUÉ FOTO DE LA LUNA VOY A PONER EN MI PIEZA!
¡QUÉ BÁRBARA!

¡MIRÁ QUÉ FOTO DE LA LUNA VOY A PONER EN MI PIEZA!

¡QUÉ ASCO DE CUTIS, LA LUNA!

¿QUÉ PASA, FELIPE? A ESE PASO VAS A LLEGAR TARDE A CLASE

PASA QUE NO TODOS VAMOS A LA ESCUELA POR LA VEREDA DE LA VOCACIÓN

TIC-TIC-TIC-TIC-TIC-
TIC-TIC-TIC-TIC-

HOLA, ¿NOTAN ALGO?

SÍ, QUE NO ES AUTOMÁTICO, SUMERGIBLE, LUMINOSO NI CON CALENDARIO COMO EL DE MI PAPÁ

¡TACK!

¡TACK!

¡TRACK!

NO TE PREOCUPES, FELIPE; YO TE ROMPÍ EL ARCO PERO VOY A COMPRARTE OTRO IGUAL

NO, MANOLITO, NUNCA PODRÍAS COMPRARME OTRO IGUAL
¡TE DIGO QUE IGUAL! ¿TAN CARO ES, ACASO?

NO, NO ES CARO, PERO ESTE ME LO COMPRÓ MI PAPÁ Y SI VOS VAS Y ME COMPRÁS OTRO..., NO SÉ, YA NO SERÍA LO MISMO, ¿ENTENDÉS?

NI JOTA. ¿ES QUE A ÉL LE HACEN UN DESCUENTO O ALGO ASÍ?

1157
AL DR.
JUAN PUFI
EN MÉRITO
A SU
OBRA

A
FELIPE
EN MÉRITO
A SU
OBRA

¿A QUÉ
OBRA?

E
ITO
U
RA

AQUÍ VA EL COMANDANTE
NEIL ARMSTRONG
VIAJANDO POR
EL ESPACIO
1169

LA NASA LO HA ENVIADO
EN MISIÓN ESPECIAL
A BUSCAR MUESTRAS
DEL SUELO LUNAR

BUENAS, ME
MANDA MI
MAMÁ A BUSCAR
UN PAQUETE
DE MANTECA

AQUÍ VUELVE EL COMANDANTE
NEIL ARMSTRONG PLANEANDO
NO DARLE EL VUELTO A LA
NASA, QUE YA LO TIENE
HARTO CON ESTAS MISIONES
ESPECIALES

ANOCHE TUVE UN SUEÑO DE LO MÁS RARO
EN VEZ YO, ¡QUÉ SUEÑO SENSACIONAL!!
1174

¿POR QUÉ, FELIPE? ¿QUÉ SOÑASTE?
¡AH! ¡ALGO MARAVILLOSO!

¿POR QUÉ NO LO SOÑARÉ TODAS LAS NOCHES? ¡TE JURO QUE ME DEJÓ COMO NUEVO!
PERO ¿CÓMO ERA, QUÉ HACÍAS?!

¡PISABA EL CÉSPED! ¡ME ASOMABA Y SACABA LOS BRAZOS POR LA VENTANILLA! ¡FIJABA CARTELES! ¡GIRABA A LA IZQUIERDA! ¡ESCUPÍA EN EL SUELO!.......

LAS MONOCOTILEDÓNEAS TIENEN HOJAS NO PECIOLADAS, Y SUS PÉTALOS Y ESTAMBRES ESTÁN DISPUESTOS EN GRUPOS DE TRES

LAS MONOCOTILEDÓNEAS TIENEN HOJAS NO PECIOLADAS, Y SUS PÉTALOS Y ESTAMBRES ESTÁN DISPUESTOS EN GRUPOS DE TRES
1181

LAS MONOCOTILEDÓNEAS......

¡GOOOOOL!

LAS MOCOPECIOLÓNEAS... ¡UY, NO!... LAS MONOTICOLADAS... ¡NO, NO! ¡A VER!... LAS MOTIDO... ¡PUCHA! ¿CÓMO ERA?.. LAS MO

MIRÁ LO QUE ME PUSO LA MAESTRA EN EL CUADERNO

Felipe: alumnos aplicados como tú tienen por delante toda una vida de contracción al deber y al estudio. ¡¡Adelante!!
Felipe D'so
1192

¡ES LA PEOR ALEGRÍA QUE ME HAN DADO JAMÁS!

¡ESTÁS EQUIVOCADO, FELIPE; NO SOY NINGUNA PESIMISTA DETRACTORA DE LA HUMANIDAD!
1208

¡Y ENTIENDO MUY BIEN ESO QUE VOS DECÍS: QUE CADA CUAL, POR POCO QUE HAGA, PONE SU GRANITO DE ARENA!

LO QUE NO ENTIENDO ES ESA MANÍA DE IR A PONERLO JUSTO DENTRO DEL OJO DEL PRÓJIMO

¡AQUÍ VIENE FELIPUS, EL SUPERHIPNOTIZADOR!
12-11

¡HELADOS DÍAS, MIGUELITO! HACE 20 GRADOS BAJO CERO....SENTÍS MUCHO FRÍO...MUCHO FRÍO...EMPEZÁS A TIRITAR...A TIRITAR....

...A TIRIT ¡SALUD!

¡AATCHÍÍSS!

¡GRACIAS!

?

¡NO HAY CASO! ¡LA ESCUELA ME ESPANTA, ME DEPRIME, ME DESCOMPONE Y ME ENFERMA!
12-14

¡LÓGICO FELIPE! ¡A NADIE LE GUSTA!

¡ES HORRIBLE TENER QUE PASARSE HORAS ENCERRADO EN UN EDIFICIO, ESTUDIANDO, LEYENDO Y ESCRIBIENDO, PARA LUEGO LLEGAR A LA CASA Y VUELTA A ESTUDIAR, LEER Y ESCRIBIR LIADO CON LOS DEBERES!

¡DIOS MÍO! ¡TODO ESO NO LO HABÍA PENSADO!

1217
¡HOLA, FELIPE!

¡EH, CHE! ¿NO SALUDÁS? ¿QUÉ DIABLOS TE PASA?

UN PAQUETE DE ARROZ, ¼ KILO DE QUESO DE RALLAR Y DOS SACHETS DE LAVANDINA..., UN PAQUETE DE ARROZ, ¼ KILO DE QUESO DE RALLAR Y DOS SACHETS DE LAVANDINA

PROFESIÓN: HIJO

1249

¡EEEEEH!... ¡EL MUJERCITA, SECANDO PLATOS!

¡¡ME DIJE DIEZ MIL VECES QUE AYUDAR A MI MAMÁ NO ES SER MUJERCITA!! ¡ES SER BUENO! ¿ENTENDÍ?

¡ES DE HOMBRES BUENOS AYUDAR A LA MADRE! ¡ASÍ QUE NO CONFUNDIR: UNA COSA ES SER MUJERCITA Y OTRA MUY DIFERENTE SER BUENO!

¡EEEEEH!... ¡LA BUENITA, SECANDO PLATOS!

VOS ME DAS, MEDIO TURRÓN Y YO TE DOY MEDIA MANZANA, ¿EH?

NO ME INTERESA TU MANZANA; PODÉS COMÉRTELA TODA
¡ESTÁ BIEN!

RÉQUIEM PARA UN GUSANITO

AH,¿TE LO EXPLICÓ TU MAMÁ?
SÍ
¿QUÉ LE EXPLICÓ?
LO DE LA SEMILLITA QUE PONEN LOS PAPÁS EN LAS MAMÁS

¡UUH!...¡PERO ESO ES TAN SABIDO QUE YA NO LE INTERESA A NAD....

?

BUÉH....AHORA VIENE LA 15 vertical,QUE TIENE....UNDÓ TRECUATCINCSEISIETOCHO...OCHO LETRAS
¡MMH!
1260

15 vertical: mártir

héroe con mala pata

¿Y POR QUÉ UNA VERDAD NO PUEDE TENER LAS LETRAS QUE LE DÉ LA GANA?

NO, FELIPE NO QUIERE SALIR A JUGAR NI VER A NADIE. DICE QUE ESTÁ ANGUSTIADO PORQUE LE COMIENZAN LAS CLASES
1268

¿LE COMIENZAN?¡DÍGALE AL ANGUSTIADO ESE QUE LAS CLASES NO LE COMIENZAN A ÉL SOLO SINO A TODOS! ¡QUE PIENSE TAMBIÉN EN LOS DEMÁS!

DICE QUE PENSAR EN LOS DEMÁS NO, QUE SU ANGUSTIA NO ES UN CONVENTILLO

¡APURÁ, FELIPE, QUE MI PAPÁ NOS LLEVA EN AUTO A LA ESCUELA!
1269

¡YA V... ¿EN AUTO?
¡SÍ, VAMOS!

?

LO SIENTO, SR.; HUBO UN ASALTO FRENTE AL COLEGIO. LA ZONA ESTÁ RODEADA Y CERRADOS TODOS LOS ACCESOS

¡DALE, CHÉ! ¿QUÉ HACÉS? ¡MIRÁ QUE LLEGAMOS TARDE!
©QUINO

¡HOLA! ¿CÓMO ANDÁS?
AQUÍ, CON UN AGUJERO EN EL ZAPATO HASTA QUE MI PAPÁ COBRE LA SEMANA QUE VIENE EN LA OFICINA
1275

¿SE LE ATRASAN MUCHO A TU PAPÁ CON EL SUELDO?
Y, HAY MESES QUE TARDAN UN POCO EN PAGARLE

¿Y AHORA NO TIENE NADA DE PLATA, TU PAPÁ?
APENAS LO JUSTO PARA LA CUOTA DEL AUTO, ASÍ QUE MIS ZAPATOS TENDRÁN QUE ESPERAR

¿Y VOS NO TENÉS OTRO PAR DE ZAPATOS?
TENGO, PERO SON LOS DE SALIR Y NO QUIERO ARRUINARLOS
©QUINO

Y DECIME, ¿PUEDO AYUDARTE DE ALGUNA MANERA?
SÍ

YÉNDOTE AL CUERNO CON TU REPORTAJE A LA CLASE MEDIA

¿Y CÓMO ANDA LA PAZ EN VIETNAM?
AHÍ. PARECE QUE LES SOBRÓ UN POCO DE GUERRA Y LES DA LÁSTIMA TIRARLA

¡EH, VOLVISTE!
¿QUÉ TAL TU
VERANEO?
EL MÍO MUY
LINDO, ¿Y
EL TUYO?
1298

HOTEL

¡PST!

EL MÍO MUY
LINDO, ¿Y
EL TUYO?

1311

¡MORIRÁS!

COMO EL ABUELO DEL PELADO
DEL KIOSCO, ¿SUPISTE? ¡POBRE!
CLARO QUE YA TENÍA 93 CUM-
PLIDOS Y NO LE HACÍA CASO
AL MÉDICO. PARECE QUE SE
BAJABA SUS BUENOS TINTOS.
ADEMÁS EN AGOSTO DEL AÑO PAS

1323

¡BANG!

¡QUÉ SABIA ES LA NATURALEZA! SI ESE PAJARITO CAÍA MUERTO, YO NO PEGABA UN OJO EN TRES MESES

DECIME, ¿TU AMIGO FELIPE ES UNO CON EL PELO TODO ASÍ COMO HOJAS DE LECHUGA?
NO, ESE ES MIGUELITO
1326

AH, YO CREÍA QUE FELIPE ERA EL DEL PELO COMO LECHUGA Y LOS DIENTES ASÍ
SÍ, EL DE LOS DIENTES ASÍ ES FELIPE

¡Y BUENO, ESE DIGO YO; UNO QUE TIENE ALMACÉN!
¡PERO NO!

¡PERO!... ¡MIRÁ QUÉ JUSTO: AQUEL QUE VIENE ALLÁ ES FELIPE!

HOLA, NO SÉ SI VOY A ANDAR BIEN CON VOS, FELIPE; A MÍ ME GUSTA LA GENTE SIMPLE

TENGO UNA IDEA DIVERTIDÍSIMA: JUGUEMOS A QUE VOS SOS YO Y YO SOY VOS, ¿EH?
DALE, EMPEZÁ

¿ESCUCHASTE EL NOTICIOSO? ¡LÍOS EN TODOS LADOS! ¡YA ME TIENEN PODRIDA LOS CHINOS, LOS ÁRABES, LOS RUSOS, LOS NORTEAMERICANOS, LOS ISRAELÍES, LOS VIETNAMITAS! ¡QUÉ DESASTRE!

¡JHÍ-JHÍ JHÍ-JHÍ!
¡JHA'-JHA' JHA'!

¡MIRÁ VOS, Y YO AQUÍ RIÉNDOME COMO UN TONTO Y TODAVÍA NO HICE LOS DEBERES! ¡Y LA HORA QUE ES!... ¡Y YA ME DA LA ANGUSTIA!... ¿Y AHORA CÓMO HAGO?

¡ESO, DIOS MÍO! ¿CÓMO HAGO AHORA?

¡SLAM!

¡LA DE GENTE QUE HABRÁ HACIENDO COSAS IMPORTANTES MIENTRAS YO ESTOY AQUÍ TIRADO!

¿NO ME DA VERGÜENZA?

¡AH, CÓMO! ¿NO ME DA?

NUNCA TERMINA UNO DE CONOCERSE

¡SE ME OCURRIÓ EL TRUCO PERFECTO PARA LIBRARSE DE LA SOPA!
¡NOOOO! ¿CÓMO ES?

CAZÁS UNA MOSCA, LA METÉS EN UN FRASQUITO, AGITÁS EL FRASQUITO PARA ATONTARLA BIEN.....

...Y LUEGO, CUANDO TE TRAEN LA SOPA....CLARO, EL ESPECTÁCULO NO SERÁ MUY.../BUÉH!..AL PRIMER DESCUIDO ECHÁS LA MOSCA...QUE QUEDE...AHÍ.... NA..../GULP!..NADAN...DO..Y...

1343

OCUPADO

HOLA, FELIPE, ¿HICISTE YA LA COMPOSICIÓN SOBRE LA INDEPENDENCIA NACIONAL?
TODAVÍA NO

Y SALÍ A DAR UNA VUELTA, PARA INSPIRARME
1349

boutique Petty
GRILL TRATTORIA "IL BUON PRANZO"
SHOPPING CENTER
SWEATERS
JUMPERS
WASH CLEAN
Whisky
SCOTCH BLENDED
Beautiful "Velvet-Skin"
NIGHT-CREAM
KANT FILTER
Speedmaster
PERO NO SE ME OCURRE NADA

MEIN KAMPF
¡¡AAAAAH!!.. ¡¡GUTEN MORGEN, FELIPEN!! ¡¡KUARENTA UND CINKO MINUTEN TARRRDE!! ¿HEIN?
1359

¡JA, SEÑORITEN, PERO ICH TRAIGO DER JUSTIFIKATIVEN VON MEINE MAMÁ

LA VACA
ARITMÉTRA
BIEN, VE A SENTARTE, QUERIDO

?

•1214•

¡AÚ! ¡AÚ! ¡UAÚ!
1363

¿QUIÉN PUEDE ANDAR DISFRAZADO CUANDO SU VALENTÍA ESTÁ DE LUTO?

¿A TU PAPÁ? ¡NO ME DIGAS! ¿Y CÓMO LE CHOCARON EL AUTO?
1371

Y, MI PAPÁ IBA POR UNA AVENIDA, Y AL LLEGAR A UNA ESQUINA APARECIÓ DE PRONTO OTRO QUE
¡ZÁS!........

... LE ABOLLÓ TODO EL PRESUPUESTO DEL MES, LOS NERVIOS, LA ALEGRÍA DE TENER AUTO, EL CARÁCTER, LA CONFIANZA EN LOS DEMÁS Y UN GUARDABARROS

1372

¿SABÍAS QUE LAS TORTUGAS TIENEN SANGRE FRÍA?

CON RAZÓN ESA CALMA PARA ASESINAR LA VELOCIDAD

LA FRASE DE HOY
Dijo Jean Leclichy: "CUAL MADRE QUE AMAMANTA A SU NIÑO...
1394

...EL HOMBRE CREA ARTE PARA ALIMENTAR SU ESPÍRITU"

¡¡Y QUE SU MENTE SE LAS ARREGLE CON ESTE CHUPETE!!

¡¡ZÁS, EL DEBER DE BOTÁNICA!! ¡DEJÉ EL DEBER DE BOTÁNICA SOBRE LA MESA DEL COMEDOR!!
1379

¡AH, NO!.... ¡LO TRAJE, QUÉ SUSTO!

¡UYDIÓ, EL COMPÁS!! ¡HOY TENEMOS GEOMETRÍA Y NO TRAJE EL COMPÁS!

¿JUSTO A MÍ TENÍA QUE TOCARME SER COMO YO?

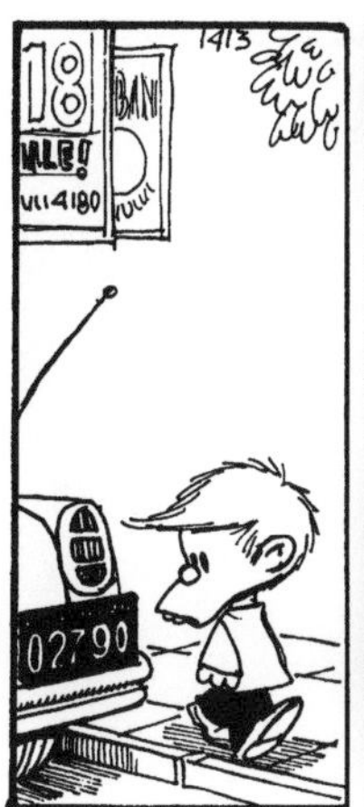

18
VII-4180
1413
0779Ø

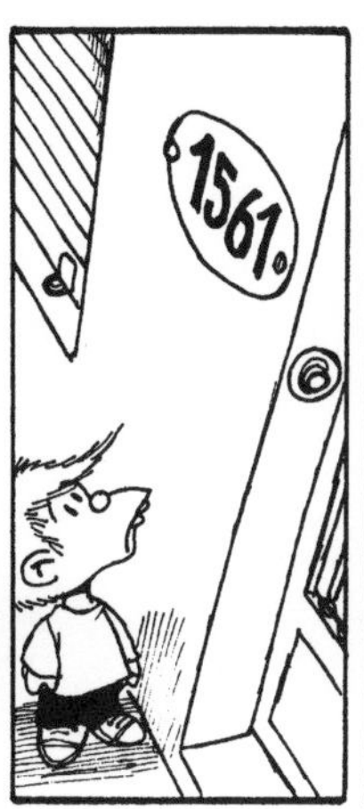

1561

¡SOCORRO!

¿TENÉS SODA O ALGO ASÍ PARA TOMAR, FELIPE?
FIJATE EN LA HELADERA
1425

¡ÁUGH!

¿QUÉ PASA?
¡AHÍ ADENTRO HAY UN... UN... CADÁVER DE POLLO!!

¿CÓMO UN CADÁVER DE POLLO? ¡UN POLLO, PAPAFRITA! ¿CÓMO UN CADÁVER DE POLLO?
¡ES QUE ESTÁ MUERTO! ¡Y SI ESTÁ MUERTO... ¿QUÉ ES? ¿EÉH?

¡PERO HIJITO, LA PATA, QUE TANTO TE GUSTA!
¡NO, NO, VERDURA! ¡QUIERO VERDURA!

¡OY-OY-OY! ¡QUIÉN ESTÁ ALLÍ!
1433

-HOLA, SIEMPRE TE VEO PASAR POR AQUÍ, ¿CÓMO TE LLAMÁS?
-YO FELIPE, ¿Y VOS?

¡NI MU, LA MUY COBARDE!

1446

¡DEBO LLEGAR AL RANCHO DE MULLIGAN ANTES DE QUE ESOS FORAJI-DOS LLEVEN A CABO SU PLAN!

¡OH-OH, QUIÉN SE A ¡GLUP! CERCA!

¡LLEBO DEGAR AL MULLI DE RANCHIGAN ANQUES DE TE SOSE FORALLI-VOS JEBEN A PLABO SU CAN!

¡BEGO MULLAR RALANCHO GUE LLUMIQAN DANFEDTISOS ℲORJASVITPS PƎLLEB NA CAQZO UP ♡ ALN !

¡EL GRANDULÓN, PATEANDO LATITAS!

¡CLANK!

¡QUÉ DESASTRE! ¡HASTA MIS DEBILIDADES SON MÁS FUERTES QUE YO!

almacén Don Manolo

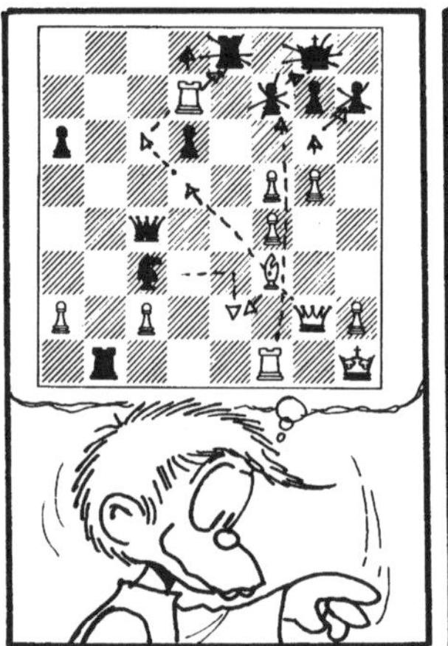

¿CÓMO ERA TODO?

¡CADA VEZ QUE EMPIE-
ZAN LAS CLASES ME
AGARRA ESTA MISMA
COSA AQUÍ!

¿Y SI FUERA
A UN
PSICOANALISTA?

¿PODRÍA UN PSICO-
ANALISTA SACARME
LA ANGUSTIA DE
VOLVER AL COLEGIO?

¿CONSEGUIRÍA UN
PSICOANALISTA QUE
YO, FELIPE, FUERA
A LA ESCUELA
CONTENTO Y
FELIZ?

¿LOGRARÍA UN
PSICOANALISTA
TRANSFORMARME
EN UN SER TAN
REPUGNANTE?

ESTÁ BIEN QUE SEAMOS UN PAÍS GANADERO EN TREN DE DESARROLLO, PERO ¿POR QUÉ SON LAS VACAS LAS QUE VAN EN EL COCHE PULLMAN?

UN ZAPATO VIEJO, ¿POR QUÉ SE VERÁN SIEMPRE ZAPATOS Y NO CAMISAS, O CORBATAS, O SOMBREROS VIEJOS TIRADOS ASÍ?

¡QUÉ SÉ YO! SERÁ PORQUE LOS ZAPATOS ANDAN POR EL SUELO; ES LÓGICO QUE TERMINEN EN EL SUELO

BUENO, LA MORAL TAMBIÉN, Y YO NO VEO NINGUNA

DEBO ATENDER, SIN PERDER DETALLE, LO QUE ESTÁ EXPLICANDO LA MAESTRA

...Y PONER TODOS MIS SENTIDOS EN NO DISTRAERME

...Y CONCENTRAR TODA MI ATENCIÓN EN ESTAR ATENTO

....Y.... ¿ENTENDIERON, NIÑOS?

SÍ, SEÑORITA

NO SOY YO LA PESIMISTA, FELIPE, ES LA GENTE; LO ÚNICO QUE OÍS POR AHÍ ES QUE LAS INSTITUCIONES ESTÁN EN CRISIS, LA ECONOMÍA EN CRISIS, LA JUVENTUD EN CRISIS...
1511

LA MORAL EN CRISIS, EL MUNDO EN CRISIS, LA IGLESIA EN CRISIS, LOS VALORES EN CRISIS, LA VIVIENDA EN CRISIS, EL FÚTBOL EN CRISIS, EL CINE EN CRISIS, LA...

... TELEVISIÓN EN CRISIS, LA POLÍTICA EN CRISI, LA EDUCACIÓN EN CRIS

LA MEJOR MANERA DE VIVIR ES DARLE IMPORTANCIA A TODO LO QUE UNO HAGA
1534

Y ENCARAR CADA TAREA, GRANDE O CHICA, DISPUESTO A GANAR UNA BATALLA MÁS

¿MI MAMÁ ME MANDA A COMPRAR EL PAN? ¡PUES VOY COMO SI TRAER ESE PAN FUERA EL ÉXITO MÁS GRANDE QUE HE DE LOGRAR EN MI VIDA!

¡MECACHO, ME OLVIDÉ LA PLATA EN CASA!

TOMÁ TU LECHUGA
¡POBRE BICHO! TODO LO QUE CONOCE DE LA VIDA ES ESTA CASA
1537

PERO NO SABE QUE LA CASA ESTÁ EN UNA CIUDAD, NI QUE LA CIUDAD ESTÁ EN UN PAÍS...

...NI QUE EL PAÍS ESTÁ EN EL MUNDO, NI QUE EL MUNDO ESTÁ EN EL ESPACIO...
...NI QUE EL ESPACIO ESTÁ EN...
....

1545

¡BUÉH!... ¡¡ME VOY A HACER LOS DEBERES, SÍ SEÑOR!! ¡CHAU!
CHAU, FELIPE

TANTA DECISIÓN EN MÍ ES SOSPECHOSA, ¿QUÉ ME TRAERÉ ENTRE MANOS?

MAFADDA, ¿ME PREZTÁZ TUZ LÁPICEZ DE COLODEZ?

¿SABÉS DÓNDE ESTÁN?

CLADO, PAPAFRITA, PERO NO ALCANZO, ¿O POD QUÉ CREÉZ QUE TE LOZ PEDÍ?

¡QUÉ CARADURA! ¿Y SE LOS VAS A PRESTAR?
NO TENGO MÁS REMEDIO, ¿NO TE DAS CUENTA QUE YO LOS PONGO AHÍ PARA QUE ÉL NO ME LOS USE?

¡OY-OY! ¡ESTA VEZ LE HABLO! ¡ESTA VEZ LA ENCARO Y LE DIGO!

¡ES INÚTIL, JAMÁS ME ANIMARÉ, JAMÁS SABRÁ QUE EXISTO NI JAMÁS YO LOGRARÉ SABER NADA DE ELLA NI NADIE SOSPECHARÁ NUNCA CUÁNTO ME GUS

HOLA, JUSTAMENTE VENÍA ACORDÁNDOME DE VOS; ACABO DE CRUZARME CON LA TARADITA ESA DE MURIEL, CREO QUE SE LLAMA, Y PENSÉ: SEGURO QUE ESTA LE GUSTA A FELIPE, ¿LA UBICÁS? UNA QUE ME DIJERON QUE EL PADRE ESTUDIABA MEDICINA Y LO BOCHARON TANTAS VECES QUE TUVO QUE DEJAR Y CONFORMARSE CON SER VISITADOR MÉDICO, Y AHÍ DONDE LA VES, ESTA POBRE CRECIÓ ALIMENTADA A MUESTRAS GRATIS DE VITAMINAS Y ESAS PORQUERÍAS, Y PARECE QUE CUANDO TENÍA DOS AÑOS SE

ME IMAGINO CUANDO YO SEA INGENIERO ¡PÁH!...
1572

BUEEENOOOO, ME VOY A PROYECTAR EL PUEEENTEEEE

¡NO VOY A SER ASÍ! ¡CUANDO SEA INGENIERO NO VOY A SER ASÍ!

¡PORQUE SERÉ FAMOSO, Y TODO EL MUNDO ME ENCARGARÁ DIQUES Y CARRETERAS Y FÁBRICAS Y TÚNELES Y ACUEDUCTOS Y...

¡DIOS MÍO! ¿CÓMO HARÉ PARA HACER TODO LO QUE TENDRÉ QUE HACER?
QUINO

1590

¿NO ME OÍSTE, FELIPE?... ¡JAQUE!... ¡JAQUE MATE!
¿MMMH?... ¡AH!... ¿YA? ¡BUÉH!... ¡A SIETE Y MEDIO PAGO!
QUINO

¡FELIIIPEE, QUE SON LAS SIETE Y CUARTO!
MMSÍ, MMÑA' MMVOY
1596

¡¡ESPEREN, ESPEREN!! ¡LA DEMOLICIÓN ERA EN LA OTRA CUADRA!!
ESSUELA Nº2

¿CÓMO DIABLOS HARÁ MI IMAGINACIÓN PARA DESPERTARSE ANTES QUE YO?
QUINO

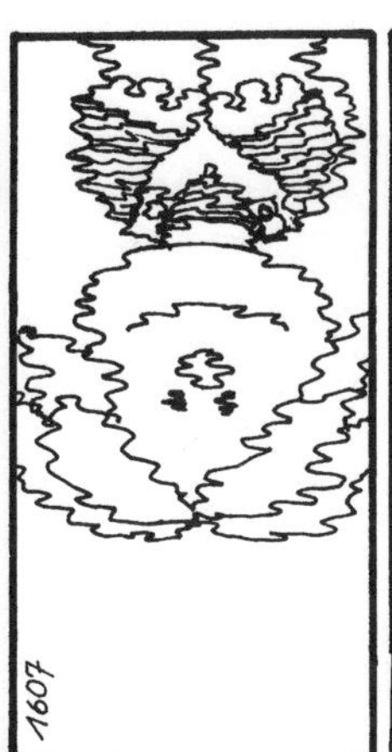

1607

HOLA, MIGUELITO. ¿QUÉ HACÉS MIRANDO ESE CHARCO?
ESTABA DEJANDO MI IMAGEN EN ESTA AGUA

ASÍ, CUANDO SE EVAPORE, CADA GOTITA LLEVARÁ UN POCO DE MÍ A TODO EL AIRE DE LA CIUDAD

QUINO

CUANDO MAÑANA EN EL NOTICIOSO DIGAN EL PORCENTAJE DE HUMEDAD, YA SABÉS DE QUIÉN ESTARÁN HABLANDO

1608

HOLA, FELIPE. ¿QUÉ HACÉS MIRANDO ESE CHARCO?
ESTABA DEJANDO MI IMAGEN EN ESTA AGUA

ASÍ, CUANDO SE EVAPORE, CADA GOTITA LLEVARÁ UN POCO DE MÍ A TODO EL AIRE DE LA CIUDAD

QUINO

Y APARTE DE ESO, ¿EN QUÉ OTRA COSA INTERESANTE ANDÁS?

QUINO
1611

1620
VÍ QUE TU MAMÁ COMPRA EN LA MISMA CARNICERÍA QUE MI MAMÁ, FELIPE
¿AJHÁ?

SÍ, ASÍ QUE MÁS DE UNA VEZ DEBEMOS DE HABER COMIDO BIFES DE LA MISMA VACA

¡MIRÁ VOS, COMPAÑEROS DE VACA SIN SABERLO!

¡PENSAR QUE DÍA A DÍA, SEMANA A SEMANA, MES A MES, NOS HEMOS ESTADO MASTICANDO UNA VACA EN EQUIPO!

¡SI NO HAY ZAPALLO HERVIDO O ALGO ASÍ, NO CUENTEN CONMIGO EN LA MESA, MAMÁ, ¡¿EH?!

1623

EL APARATO DIGESTIVO DEL HOMBRE COMPRENDE: LA BOCA, LA FARINGE, EL ESÓFAGO, EL ESTÓMAGO, EL INTESTINO GRUESO, PERDÓN, DELGADO Y EL INTESTINO GRUESO. EL TUBO DIGESTIVO SEGREGA LOS JUGOS QUE TRANSFORMAN LOS ALIMENTOS EN EL

¡BIEN, FELIPE, MUY BIEN, VEO QUE HAS ESTUDIADO, PUEDES IR A TU ASIENTO!

¡PILAS DE PELÍCULAS QUE NO NOS DEJAN VER PORQUE SOMOS MUY CHICOS!....
1636

¡INFINIDAD DE CONVERSACIONES QUE NO NOS DEJAN ESCUCHAR PORQUE SOMOS MUY CHICOS!...

¡MONTAÑAS DE LIBROS QUE NO NOS DEJAN LEER PORQUE SOMOS MUY CHICOS!

¿SE PUEDE ASISTIR CRUZADO DE BRAZOS A ESTA OLA DE MANÍA MUYCHIQUISTA SIN QUE A NADIE SE LE MUEVA UN PELO?

OH, FELIPE, ¿NO SERÍA MARAVILLOSO QUE ENTRETEJIÉRAMOS NUESTRAS VIDAS?
1643

DEPENDE, ¿CON QUÉ PUNTO?

¡ESTÚPIDO!

ESTOY EMPEZANDO A SOSPECHAR QUE PARA EDUCARNOS LOS GRANDES SON UNOS CÓMODOS, FELIPE
¿UNOS CÓMODOS?
1652

Y, SÍ: ELLOS VIENEN Y TE ENSEÑAN QUÉ ES BUENO Y QUÉ ES MALO

PERO LUEGO TE LARGAN PARA QUE VOS SOLITO TE LAS REBUSQUÉS COMO PODÁS EN APECHUGAR CON LO BUENO QUE TIENE LO MALO Y LO MALO QUE TIENE LO BUENO
©QUINO

VOS ERAS MARY, LA MUCHACHA QUE HABÍA HEREDADO "RODEO RANCH" CON CIEN MIL CABEZAS DE GANADO
OKEY
1662

VOS ERAS PETE JOE, Y CON UNA TRIQUIÑUELA HABÍAS DESPOJADO A MARY DE "RODEO RANCH"
VERISGÜEL

YO ERA EL SHERIFF, DESCUBRÍA TODO Y LUEGO DE UN TIROTEO TE CAPTURABA EN TU GUARIDA, ¿ENTENDIDO? ¡VAMOS!

¡ENTRÉGATE, PETE! ¡BANG! ¡BANG! ¡BANG! ¡BANG! ¡BANG!

¡POR FIN LA JUSTICIA ME DARÁ A MÍ LO QUE ES MÍO Y A PETE JOE SU MERECIDO!

NO SERÁ TAN FÁCIL, MARY: LA GUARIDA Y "RODEO RANCH" ESTÁN A NOMBRE DE UN TESTAFERRO
©QUINO

¡VAMOS, FELIPE!...¡HAY QUE MIRAR EL LADO POSITIVO DE VOLVER A EMPEZAR UN NUEVO AÑO DE CLASES!
1686

HAY QUE PENSAR EN EL REENCUENTRO CON VIEJOS COMPAÑEROS, EN LO LINDO DE CONOCER NUEVOS AMIGOS...

...Y EN LA ALEGRÍA DE LOS RECREOS
SÍ, CLARO, TENÉS RAZ....¡CÓMO!...¿LO TENÍAS ANOTADO EN UN PAPELITO?

Y, SÍ, SI HAY QUE VER EL TRABAJO QUE ME COSTÓ, ¡TODA LA MAÑANA PARA ENCONTRAR ESOS TRES ESTÚPIDOS ARGUMENTOS DE PORQUERÍA!
QUINO

1689

¡SSSHHH!... LOGRAMOS ACERCARNOS AL CAMPAMENTO COMANCHE SIN SER DESCUBIERTOS

¡PST, HEY, FELIPE! ESTABA PENSANDO.... ¿POR QUÉ YA QUE TENEMOS ARMAS NO DEJAMOS ESTA ESTUPIDEZ Y JUGAMOS A LA REVOLUCIÓN SOCIAL?
QUINO

PERO...¡CÓMO!....
¡AUSTRALIA ES UN
PAÍS CON TODAS SUS
FRONTERAS MOJADAS!

¡BUÉH!... UN POCO DE RES-PONSABILIDAD Y A EM-PEZAR EL DEBER DE GEOMETRÍA
1695

"RESPONDE: ¿CUÁNDO UN TRIÁNGULO ES ISÓSCELES?"

CUANDO FELIPE KID LLEGA JUSTO A TIEMPO DE IMPE-DIR QUE CARROÑA JOE SE ALCE CON LA HIPOTENUSA

¡YA TUVE QUE DEJARME INFLUENCIAR POR MÍ!
©QUINO

1717

LUCHADOR INCANSABLE DE PRECLARAS IDEAS

ASÍ CUALQUIERA. EL MÉRITO ES ESTAR CANSADO Y SEGUIR LUCHANDO
©QUINO

1920
HOLA, FELIPE. VENÍA PENSANDO... ¿QUÉ ACTITUD CONVENDRÁ ADOPTAR ANTE LA GENTE?

¿LA DE SEGURO DE UNO MISMO, PARA QUE TODOS TE RESPETEN?
¿LA DE INDIFE-RENTE, PARA PASAR INADVER-TIDO Y QUE NADIE TE MOLESTE?
¿LA DE DESPROTEGIDO, PARA QUE TODOS TE AYUDEN?

DE LA QUE UNO ELIJA DEPENDE CÓMO LE IRÁ EN LA VIDA, ASÍ QUE ES MUY IMPORTANTE DECI-DIR DESDE YA, Y NO EQUIVOCARSE

¡MECACHO!...¡Y TAN TRANQUILO QUE ESTABA YO!...

YA MISMO ME LEVANTO Y VOY A HACER LOS DEBERES
1933

ESTO ES LO QUE SE LLAMA DISPARIDAD DE CRITERIOS

¡BÁNG! ¡BÁNG! ¡BANG! ¡BÁNG! ¡BÁNG! ¡BANG! ¡BÁNG! ¡BÁNG! ¡BÁNG! ¡BÁNG! ¡BÁNG! ¡BÁNG! ¡BÁNG! ¡BÁNG! ¡BANG! ¡BÁNG! ¡BÁNG! ¡BÁNG!
1739

¡ÉÉÉÉÉÉÉH!... ¿DÓNDE VISTE QUE UN REVÓLVER DISPARE TANTAS BALAS SIN RECARGARLO? ¡UN POCO MÁS DE REALISMO, CARAMBA!

BUENO, SI ES POR ESO TAMPOCO ES HORA DE ESTAR TIROTEÁNDONOS EN UN SUPUESTO DESFILADERO DE ARIZONA, SINO DE IR A TOMAR LA LECHE

REALISMO, DIJE, NO REALIDAD

¡SALUD, SUSANITA! ¿QUÉ CONTÁS DE BUENO?
1942

ME ALEGRA TU PREGUNTA PORQUE JUSTAMENTE HOY ME SIENTO AUTOBIOGRÁFICA. YA DESDE MI MÁS TIERNA INFANCIA DEMOSTRÉ MI CARÁCTER; TENDRÍA YO COSA DE AÑO Y MEDIO CUANDO CIERTA MAÑANA EN QUE ME ENCONTRABA...

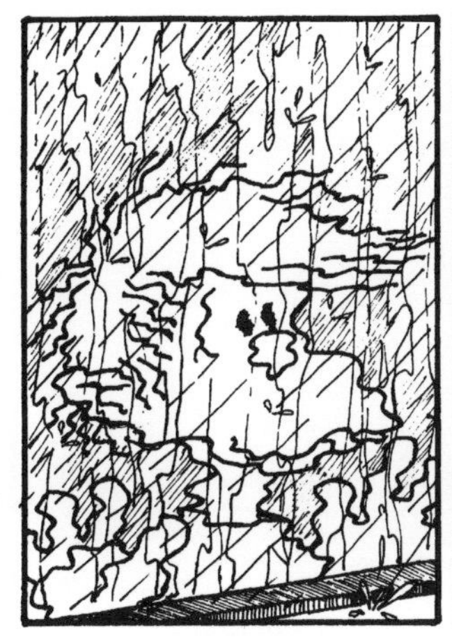

"LLUEVE, HIJO. SERÁ MEJOR QUE TE QUEDES EN CASA EN LUGAR DE IR A LA ESCUELA, ¿EH?"
1753

LLUEVE, HIJO. SERÁ MEJOR QUE TE LLEVES EL IMPERMEABLE, ¿EH?

SI NO FUERA POR UN LEVE MATIZ, DIRÍA QUE CONOZCO A MI MAMÁ COMO A LA PALMA DE MI MANO

USTED TAMBIÉN HA SIDO CHICO, SR. JUEZ, Y DEBE RECORDAR QUE A MEDIDA QUE UNO SE ACERCABA A LA ESCUELA IBA SINTIENDO COMO PLOMO EN LOS ZAPATOS, SR. JUEZ
1764

CADA VEZ MÁS Y MÁS PLOMO EN LOS ZAPATOS, SR. JUEZ

POR ESO LE ECHÉ LOS TRES LITROS DE NAFTA Y EL FÓSFORO, SR. JUEZ. ¡PORQUE NO LO AGUANTABA, SIEMPRE AHÍ, CON SU MALDITO SARCASMO!

DESPACIO ESCUELA

Y EL JUEZ NO PODRÁ CONDENARME, PORQUE DE TODAS MANERAS NUNCA ME ANIMARÉ A HACERLO

1773

TLÍN
TLÍN

LO PEOR ES QUE ESTE FINAL INDECISO ME HA HECHO OLVIDAR QUE TENÍA QUE DECIDIR
QUINO

¿Y, AL FINAL TE VAS O NO TE VAS A ESTUDIAR?
1783

SEGURO QUE ME VOY A ESTUDIAR, SI YO EN REALIDAD TENGO MUCHÍSIMA VOLUNTAD

CLARO QUE....¡LO DE SIEMPRE, ESTOY GOBERNADO POR UNA MINORÍA!
QUINO

¡SOY UN CONVENCIDO DE QUE ESTE AÑO QUE VIENE SERÁ SENSACIONAL!

¿POR QUÉ, FELIPE?

¡VOS SIEMPRE CON ARGUMENTOS PARA DERRUMBARLE EL OPTIMISMO A UNO!

MAFALDA, ¿VOS ME SACASTE EL CENTÍMETRO DEL COSTURERO?

¡SONAMOS!...¡UNA VEZ QUE NOS HABÍAMOS ACOSTUMBRADO A JUGAR CON RELOJ, TENER QUE DESARMARLO!
¡LÁSTIMA!

CUANDO UNO ESTÁ EN UN DILEMA, LO MEJOR ES PEDIR CONSEJO A LOS AMIGOS
1824

SI YO FUERA VOS, LO QUE HARÍA ES

YO EN TU LUGAR NO DEJARÍA DE

YO QUE VOS, AGARRARÍA Y CA

AL FINAL NO LOGRÉ ENTERARME QUÉ CUERNOS HARÍA YO QUE YO, EN MI LUGAR, SI YO FUERA YO
@QUINO

1843

¡PECHUGA DE PAVITA CON CHAMPIGNONS, PECHUGA DE PAVITA CON CHAMPIGNONS! ¡EN CADA VUELO ESPACIAL... PECHUGA DE PAVITA CON CHAMPIGNONS!!!
NASA
FOOD

¡VEAN LO QUE HAGO CON SU MALDITA PECHUGA DE PAVITA CON CHAMPIGNONS!!
NASA

¡PLOSHP!

@QUINO

SALUD, MAFALDA ¿SIEMPRE PREOCUPADA PENSANDO ADÓNDE VA LA HUMANIDAD?

NO, TOTAL..., SE SUPONE QUE NO HAY NADIE ESPERÁNDOLA EN NINGUNA PARTE, ¿NO?
QUINO

UNA DE LAS SUTILEZAS DEL AJEDREZ ES SABER PONER NERVIOSO AL ADVERSARIO

VOS PENSÁ TRANQUILA, NOMÁS, ¿EH? ¡TOTAL, PODEMOS PASARNOS MESES ENTEROS AQUÍ SENTADOS JUGANDO!

LO DUDO; APENAS UNAS SEMANAS MÁS, Y YA TENDREMOS QUE LEVANTARNOS PARA IR DE NUEVO A LA ESCUELA

VEAMOS: SI YO LE COMO EL ALFIL CON MI CUADERNO...
QUINO

¡ESTE AÑO DECIDÍ ENCARAR LA ESCUELA AL REVÉS!
¿CÓMO AL REVÉS?
1866

¡CLARO; ANTES ME LA TOMABA COMO QUE ERA ELLA LA QUE MANDABA, ELLA LA QUE ME OBLIGABA A ESTUDIAR A MÍ!

¡EN CAMBIO ESTE AÑO PIENSO TOMÁRMELA COMO QUE SOY YO EL QUE MANDO, YO EL QUE LE EXIJO A ELLA QUE ME ENSEÑE!

¡JÁH!..

"¡JÁH!" ¿Y SI LA MUY OBSECUENTE ME OBEDECE?

¿QUÉ GANO CON ESTAR AQUÍ SENTADO ESQUIVÁNDOLE EL BULTO A LOS DEBERES? ¡TENGO QUE IR Y HACERLOS! ¡AL FIN DE CUENTAS ES POR MI PROPIO BIEN!
1875

¡MECACHO, QUÉ ANGUSTIAS ME ACARREA MI PROPIO BIEN!

PARECE UNA TONTERÍA, PERO IR A COMPRAR EL PAN ES MUCHO MÁS QUE IR A COMPRAR EL PAN
1894

ES COMUNICARSE TODOS LOS DÍAS CON LA GENTE, PARTICIPAR EN LA SOCIEDAD, O SEA, HACERSE UN LUGAR EN EL MUNDO

ES TAMBIÉN PAGAR, Y RECIBIR UN VUELTO, O SEA, CONTRIBUIR UN POQUITO EN UNA DE LAS TANTÍSIMAS OPERACIONES COMERCIALES QUE, SUMADAS, FORMAN LA ECONOMÍA NACIONAL

¡LO QUE NO ENTIENDO ES POR QUÉ TENGO QUE SER YO EL ÚNICO IMBÉCIL QUE TIENEN A MANO EN MI CASA PARA MANDARLO A LA REMALDITA PANADERÍA!

¿A JUGAR A LA PLAZA? PERO ¿NO TENÍAS QUE ESTUDIAR?
¡SÍ, MAMÁ, PERO SI JUEGO UN RATO, LUEGO ESTUDIO CON LA CABEZA BIEN DESPEJADA!
1904

¡RÍNDETE YA, PETE JOE! ¡TE TENEMOS RODEADO!

¿RENDIRME? ¡NEVER! ¡ESTOY DISPUESTO A VENDER CARO MI PELLEJO!

¡A PROPÓSITO DE VENDER CARO: ME DIJO MI MAMÁ QUE LE DIGAS A TU PAPÁ QUE EL QUESO, ADEMÁS DE COBRÁRNOSLO UNA BARBARIDAD, RESULTÓ UN ASCO!

¡CLARO, COMO SI EL QUESO LO FABRICARA MI PAPÁ!
¡LO QUE FABRICA TU PAPÁ ES LA MEJOR MANERA DE DESPLUMAR A LA GENTE!
¡SON TODOS IGUALES, UNA MANGA DE DE... NERADOS
¡ANDA, VOS SIEMPRE CON TUS ESTU...

¡CON LA CABEZA BIEN DESPEJADA!

1915
HOLA
HOLA

MGUGUI
MAMMMA'

¡JAMÁS!

?

1919

¡HOLA!

¡SALVADO! ¡GRACIAS, MANOLITO!
¡MMMCHUÍÍÍÍK!

¿!?
¿♡?

NUESTRO DERECHO A LA EDUCACIÓN ES TAN INDISCUTIBLE.....

...QUE NO HAY LA MÁS MÍNIMA ESPERANZA DE QUE ALGÚN ALMA CARITATIVA NOS LO QUITE!

Joaquín Lavado, **Quino**, nació el 17 de julio de 1932 en Mendoza, Argentina, en el seno de una familia de emigrantes andaluces. Descubrió su vocación como dibujante a los tres años. En 1954 publica su primera página de chistes en el semanario bonaerense *Esto es*. En 1964, su personaje Mafalda comienza a aparecer con regularidad en el semanario *Primera Plana*. El éxito de sus historietas le brinda la oportunidad de publicar en el diario nacional *El Mundo* y será el detonante del boom editorial que se extenderá por todos los países de lengua castellana. Tras la desaparición de *El Mundo* y un año de ausencia, Mafalda regresa a la prensa gracias al semanario *Siete Días* en 1968, y en 1970 llega a España de la mano de Esther Tusquets y de la editorial Lumen. En 1973 Mafalda y sus amigos se despiden para siempre de sus lectores. Se han instalado esculturas del personaje en Buenos Aires, Oviedo y Mendoza. Lumen ha publicado los once tomos recopilatorios de viñetas de Mafalda, numerados de 0 a 10, y también en un único volumen —*Mafalda. Todas las tiras* (2011)—, así como las viñetas que permanecían inéditas y que integran junto al resto el libro *Todo Mafalda*, publicado con ocasión del 50 aniversario del personaje, y las recopilaciones *Mafalda. Femenino singular* (2018), *Mafalda. En esta familia no hay jefes* (2019), *El amor según Mafalda* (2020), *La filosofía de Mafalda* (2021), *Mafalda presidenta* (2022), *Mafalda para niñas y niños* (2023), *La vida según Mafalda* (2024), *Lo mejor de Mafalda* (2025) y *Lo mejor de Felipe* (2026). También han aparecido en Lumen los libros de viñetas humorísticas del dibujante, entre los que destacan *Mundo Quino* (2008), *Quinoterapia* (2008), *Simplemente Quino* (2016), el volumen recopilatorio *Esto no es todo* (2008) y *Quino inédito* (2023).

Quino ha logrado tener una gran repercusión en todo el mundo, sus libros han sido traducidos a más de veinte lenguas y dialectos (los más recientes son el armenio, el búlgaro, el hebreo, el polaco y el guaraní), y ha sido galardonado con premios tan prestigiosos como el Príncipe de Asturias de Comunicación y Humanidades y el B'nai B'rith de Derechos Humanos. Quino murió en Mendoza el 30 de septiembre de 2020.

Papel certificado por el Forest Stewardship Council®